who?

글 안형모

어린이들의 꿈을 키워 주는 재미있고 유익한 만화를 만들기 위해 즐겁게 작업하고 있습니다. 인물 이야기를 통해 위인들의 성공적인 업적보다는 성공에 이르기까지 과정과 노력을 담기 위해 노력합니다. 《천추태후》, 《통째로 한국사 1, 2》, 《호동왕자와 낙랑공주》 등의 만화 시나리오를 썼습니다.

그림 스튜디오 청비

기발한 상상력을 바탕으로 새롭고 재미있는 콘텐츠를 만들어 내는 만화 창작 집단입니다. 작품으로는 《성철 스님》, 《아 다르고 어 다른 우리말 101가지》, 《반기문 유엔 사무총장의 꿈과 도전》, 《who? 한국사 – 이성계 · 이방원》 등이 있습니다.

감수 경기초등사회과연구회
진로 탐색 감수 이랑(한국고용정보원 전임연구원)
추천 송인섭(숙명 여자 대학교 명예 교수)

 세계 인물

버락 오바마

개정판 1쇄 인쇄 2024년 11월 15일
개정판 1쇄 발행 2025년 1월 1일

글 안형모 **그림** 스튜디오 청비

펴낸이 김선식
펴낸곳 다산북스

부사장 김은영
어린이사업부총괄이사 이유남
책임편집 박세미 **디자인** 김은지 **책임마케터** 김희연
어린이콘텐츠사업1팀장 박정민 **어린이콘텐츠사업1팀** 김은지 박세미 강푸른
마케팅본부장 권장규 **마케팅3팀** 최민용 안호성 박상준 김희연
편집관리팀 조세현 김호주 백설희 **저작권팀** 이슬 윤제희 **제휴홍보팀** 류승은 문윤정 이예주
재무관리팀 하미선 김재경 임혜정 이슬기 김주영 오지수
인사총무팀 강미숙 이정환 김혜진 황종원
제작관리팀 이소현 김소영 김진경 최완규 이지우 박예찬
물류관리팀 김형기 김선민 주정훈 김선진 한유현 전태연 양문현 이민운

출판등록 2005년 12월 23일 제313-2005-00277호
주소 경기도 파주시 회동길 490
전화 02-704-1724 **팩스** 02-703-2219
다산어린이 카페 cafe.naver.com/dasankids **다산어린이 블로그** blog.naver.com/stdasan
종이 신승NC **인쇄** 북토리 **코팅 및 후가공** 평창피앤지 **제본** 대원바인더리

ISBN 979-11-306-5793-6 14990

 품명: 도서 | **제조자명**: 다산북스
제조국명: 대한민국 | **전화번호**: 02)704-1724
주소: 경기도 파주시 회동길 490
제조년월: 판권 별도 표기 | **사용연령**: 8세 이상
※ KC마크는 이 제품이 공통안전기준에 적합하였음을 의미합니다.

버락 오바마

Barack Obama

다산
어린이

자신만의 멘토를 만날 수 있는 who? 시리즈

다산어린이의 〈who?〉 시리즈는 어린이들은 물론 어른들에게도 재미와 감동을 주는 교양 만화입니다. 〈who?〉 시리즈는 전 세계 인류에 영향력을 끼친 인물들로 구성되었으며 인물들의 삶과 사상을 객관적으로 전해 줍니다.

이처럼 다양한 나라와 분야에서 활약한 위인들의 이야기를 통해 과학, 예술, 정치, 사상에 관한 정보는 물론이고, 나라별 문화와 역사까지 배우게 될 것입니다. 〈who?〉 시리즈의 가장 큰 장점은 위인들이 그들의 삶에서 겪은 기쁨과 슬픔, 좌절과 시련, 감동을 어린이들이 함께 느낄 수 있다는 것입니다. 어린이들은 이 책을 읽으면서 폭넓은 감수성을 함양하게 됩니다.

〈who?〉 시리즈의 어린이 독자들이 책 속의 위인들을 통해 자신만의 멘토를 만나 미래의 세계적인 리더로 성장하기를 진심으로 응원합니다.

존 덩컨 미국 UCLA 동아시아학부 교수

존 덩컨(John B. Duncan) 교수는 한국학 분야의 세계적인 석학으로 미국 UCLA 한국학 연구소 소장 및 동 대학의 동아시아학부 교수를 겸직하고 있습니다. 하버드 대학교 교환 교수와 고려 대학교 해외 교육 프로그램 연구센터장을 역임했으며, 주요 저서로는 《조선 왕조의 기원》, 《조선 왕조의 시민 행정의 제도적 기초》 등이 있습니다.

세상을 더 나은 곳으로 만든 사람들의 이야기

어린이들은 자라면서 수많은 궁금증을 가지게 됩니다. 그중에서도 "저 사람은 누굴까?"라는 질문은 종종 아이들의 머릿속을 온통 지배해 버리기도 합니다. 다산어린이에서 출간된 〈who?〉 시리즈는 그런 궁금증을 해결해 주기 위해 지구촌 다양한 분야의 리더들을 소개하고 있습니다.

〈who?〉 시리즈에 등장하는 인물들은 인종과 성별을 넘어 세상을 더 나은 곳으로 만든 사람들입니다. 어린이들은 이 책에서 디지털 아이콘으로 불리는 스티브 잡스는 물론 니콜라 테슬라와 같은 천재 발명가를 만날 수 있습니다.

책 속 주인공들의 어린 시절 이야기를 통해 기쁨과 슬픔, 도전과 성취감을 함께 맛보고, 그들과 함께 성장하면서 스스로 창조적이고 인류에 도움이 되는 사람이 되겠다는 포부와 자신감을 갖게 될 것입니다.

〈who?〉 시리즈 속에서 다채롭고 생동감 넘치는 위인들의 이야기를 만나 보세요.

에드워드 슐츠 하와이 주립 대학교 언어학부 교수

에드워드 슐츠(Edward J. Shultz) 하와이 주립 대학교 언어학부 교수는 동 대학의 한국학센터 한국학 편집장을 역임한 세계적인 석학입니다. 평화봉사단 활동의 하나로 한국에서 영어 교사로 근무한 경험이 있으며, 현재 한국과 미국, 일본을 오가며 활발한 활동을 펼치고 있습니다. 저서로는 《중세 한국의 학자와 군사령관》, 《김부식과 삼국사기》 등이 있고, 한국 중세사와 정치에 대한 다수의 기고문을 출간했습니다.

미래 설계의 힘을 얻는 길이 여기에 있습니다

어린이가 성장하는 시기에는 스스로 미래를 설계하며 다양한 책을 접하는 경험이 필요합니다.

어린 시절 만난 한 권의 책이 인생에 미치는 영향이 얼마나 큰지는 꿈을 이룬 사람들의 말을 통해서 알 수 있습니다. 빌 게이츠는 오늘날 자신을 만든 것은 동네의 작은 도서관이었다고 말하고, 오프라 윈프리는 어린 시절 유일한 친구는 책이었음을 고백하며 독서의 중요성에 대해 이야기합니다.

꿈을 이룬 사람들의 공통점은 또 있습니다. 그들에게는 어린 시절, 마음속에 품은 롤 모델이 있었습니다. 여러분의 롤 모델은 누구인가요? 〈who?〉 시리즈에서는 현재 우리 어린이들이 가장 닮고 싶어하는 롤 모델을 만날 수 있습니다. 버락 오바마, 빌 게이츠, 조앤 롤링, 스티브 잡스 등 세상을 바꾼 사람들의 감동적인 이야기를 담은 〈who?〉 시리즈는 어린이들이 구체적인 목표를 설정하고 희망찬 비전을 세울 수 있도록 도와줄 친구이면서 안내자입니다. 〈who?〉 시리즈를 통하여 자신의 인생 모델을 찾고 미래 설계의 힘을 얻을 수 있습니다.

송인섭 숙명 여자 대학교 명예 교수

숙명 여자 대학교 명예 교수이자 한국영재교육학회 회장으로 자기주도학습 분야의 최고 권위자입니다. 한국교육심리연구회 회장, 한국교육평가학회장, 한국영재연구원 원장을 역임했습니다. 자기주도학습과 영재 교육의 이론을 실제 교육 현장에 적용하기 위해 노력하고 있습니다.

평생을 이끌어 줄
최고의 멘토를 만날 수 있는 책

　　10대에 가장 중요한 것은 무엇일까요? 학과 공부와 입시일까요? 우리나라 최초의 국제회의 통역사로 30년 동안 활동하면서 글로벌 리더들을 만날 기회가 수없이 많았던 저는 대한민국의 초등학생들에게 특별한 조언을 해 주고 싶습니다. 그것은 큰 꿈을 가지는 것이 무엇보다 중요하다는 것입니다.

　　꿈은 힘들고 지칠 때 나를 이끌어 주는 힘이고 내 인생의 주인이 되어 일어설 수 있게 하는 원동력이 되어 줍니다. 꿈이 있는 아이가 공부도 잘하고 결국 그 꿈을 실현할 수 있게 되는 것입니다. 저 역시 어린 시절 품었던 꿈이 지금의 자리에 있게 한 원동력이었습니다. 남들이 모르는 큰 꿈을 마음속에 간직하고 있었기에 괴롭고 힘들어도 포기하지 않고 다시 일어설 수 있었습니다.

　　어린 시절 저에게도 힘들고 지칠 때마다 용기를 불어넣어 주고 힘이 되어 주었던 분들이 있었습니다. 지금의 자리로 저를 이끌어 준 멘토들처럼 〈who?〉 시리즈에서 여러분의 친구이자 형제, 선생이 되어 줄 멘토를 만날 수 있기를 바랍니다.

최정화 한국 외국어 대학교 교수

우리나라 최초의 국제회의 통역사로 현재 한국 외국어 대학교 통번역대학원 교수로 재직 중입니다. 세계 무대에서 자신의 꿈을 이룬 여성 신화의 주인공으로, 역시 세계에서 꿈을 펼치려고 하는 청소년들에게 멘토로서의 역할을 충실히 하고 있습니다. 저서로는 《외국어 내 아이도 잘할 수 있다》, 《외국어를 알면 세계가 좁다》, 《국제회의 통역사 되는 길》 등이 있습니다.

차 례

Barack
Obama

추천의 글 4

1 꼬마 오바마 12
통합 지식✛1 오바마의 성공 열쇠 26

2 나는 약하지 않아 30
통합 지식✛2 하와이와 인도네시아 58

3 차별에 맞서 62
통합 지식✛3 이민자들의 나라, 미국 82

4 아버지의 선물 86
통합 지식✛4 오바마의 뿌리, 케냐 118

5 나는 누구일까? 122

통합 지식⁺ 5 인종 차별을 넘어선 흑인들 148

6 사회에 눈뜨다 152

통합 지식⁺ 6 미국의 정치 182

7 뿌리를 찾는 여행 186

통합 지식⁺ 7 미국의 대통령 선거 202

8 담대한 꿈, 위대한 성취 206

어린이 진로 탐색 대통령 220

연표 228 / 찾아보기 230

버락 오바마

버락 오바마는 케냐 출신의 흑인 아버지와 백인 어머니 사이에서 태어났어요. 어린 시절 흑인이라는 이유로 인종 차별을 경험하며 방황하기도 했던 오바마. 과연 그는 어떻게 시련을 극복하고 전 세계가 주목하는 지도자가 될 수 있었을까요?

- 이름: 버락 오바마
- 생몰년: 1961년~
- 국적: 미국
- 직업·활동 분야: 변호사, 국회 의원, 대통령
- 주요 업적: 미국 제44대 대통령(2009~2017년) 노벨 평화상 수상(2009년)

버락 오바마 시니어

버락 오바마의 아버지는 케냐 출신으로 미국 유학 시절 오바마의
어머니를 만나 결혼했어요. 오바마가 어릴 때 두 사람은 이별하고
말았지만 그는 어린 오바마에게 흑인으로서의 정체성을 가르쳐 주며
큰 꿈을 가질 수 있도록 도와주었습니다.

미셸 오바마

버락 오바마가 변호사로 일하던 법률 회사의 선배 변호사였던 미셸
오바마. 그녀는 오바마와 결혼한 뒤, 정치에 뛰어든 오바마의 가장
든든한 지원군이 되어 주었습니다. 또한 오바마가 대통령에 당선된
이후 영부인으로서의 역할도 훌륭하게 해냈습니다.

들어가는 말

차별을 이겨 내고 미국 최초의 흑인 대통령이 된 버락 오바마에 대해 알아봅시다.
다양한 민족이 모여 이루어진 미국 사회의 문화와 특징은 무엇인지 살펴봅시다.
미국의 정치 제도는 우리나라와 어떻게 다를까요? 또 국회 의원, 대통령 등 정치인들이
하는 일은 어떤 것들인지에 대해서도 함께 알아봐요.

⑴ 꼬마 오바마

배리!
비행기 시간 늦겠다.
서둘러!

네, 엄마!

여기가 앞으로 네가
살 곳이란다.

이게 다 인도네시아의 섬들이란다.

여보, 뭐 하고 있어요?

자바, 보르네오, 수마트라, 발리가 여기쯤 있어야 하는데…….

어휴, 거긴 필리핀이잖아요. 인도네시아는 더 아래쪽이라고요.

하하하, 그런가? 배운 지 하도 오래돼서.

오바마의 친아버지 *버락 오바마 시니어는 케냐 루오족 출신으로 하와이 대학교에 공부하러 온 유학생이었습니다. 그는 장학금을 받으며 공부했던 총명한 사람이었어요.

3년 만에 대학교를 우수한 성적으로 졸업한 오바마 시니어는 하버드 대학교에서 박사 학위를 받기 위해 가족과 헤어져야만 했어요.

학업을 마친 뒤에는 조국인 케냐에 돌아가야 했고, 결국 두 사람은 이별을 맞게 되었습니다.

엄마, 울지 마세요. 제가 있잖아요.

*아버지 버락 오바마 시니어는 아들 오바마에게 자신의 이름을 그대로 물려주었다.

오바마의 새집은 인도네시아의 수도인
자카르타 외곽의 작은 마을에 있었어요.

여기가 이제부터
우리가 살 집이야.

배리! 네가 깜짝 놀랄
선물을 준비했단다.

선물이요?

탁탁
탁

오바마의 성공 열쇠

검은 폭풍, 버락 오바마

'버락 오바마'하면 여러분은 어떤 이미지가 떠오르나요? 미국
최초의 흑인 대통령, 젊고 진보적인 대통령, 연설을 잘하는
사람 등의 표현이 떠오르죠? 하지만 그런 오바마도 청소년
시절에는 자신의 존재에 대해 고민하며 고통스런 날들을
보내기도 했어요.

그랬던 그가 시련을 이겨 내고 미국 대통령에까지 오르게
된 데에는 가족들의 사랑과 격려가 큰 힘이 되었습니다.
오바마의 어머니는 그가 꿈을 잃지 않도록 용기를 북돋아
주었고, 외할머니와 외할아버지는 사랑과 나눔의 중요성을
일깨워 주었답니다. 덕분에 오바마는 기나긴 방황을 끝낼 수
있었습니다. 이후 바른길을 걸어온 오바마는 많은 사람들의
지지를 받으며 미국 최초의 흑인 대통령이 되었습니다.
그럼 지금부터 나약한 흑인 꼬마였던 오바마가 이렇게
성공할 수 있었던 비결에 대해 알아봅시다.

미국 제44대 대통령 버락 오바마

집무실에서 회담하는 오바마

하나 **단호함!**

오바마는 결정을 내리고 나면 뒤돌아보지 않고
추진하는 단호한 성격의 소유자입니다.
리더의 자리에 있으면 중요한 일을 결정해야
하는 경우가 많은데, 자신이 결정하지 않고
우물쭈물한다면 사람들이 믿고 따를 수 없기
때문입니다.
그래서 오바마는 심사숙고해서 결정을 내리고, 그
결정을 끝까지 밀고 나가는 것을 기본 원칙으로 삼고
있답니다.

둘 집념!

오바마는 포기를 모르는 사람이라고 합니다. 모든
사람들이 희망이 없다며 쉽게 포기하는 일도 오바마는
끝까지 도전해서 해내고야 말았답니다.
그가 미국 대통령 선거에 출마했을 당시 미국의
네브래스카주는 오바마를 지지하는 사람이 거의 없는
지역이었습니다. 주변 사람들은 오바마에게 인구도 많지
않은 이 지역에 신경 쓰기보다는 표를 더 많이 얻을 수 있는
큰 지역에서 유세를 하자고 했습니다. 하지만 오바마는
포기하지 않고 마지막까지 네브래스카주의 곳곳을 찾아다니며
자신을 알렸답니다. 결국 이런 집념은 유권자들의 마음을
움직여 오바마에게 승리를 안겨 주었습니다.

오바마가 졸업한 하버드 대학교 교정 ⓒ Mariordo

셋 스스로 나를 알린다!

오바마 이름의 알파벳 철자는 'Obama'입니다. 그는 대통령
선거 로고를 만들 때, 그 첫 글자인 'O'를 태양으로 형상화해
미래를 향해 달려가는 느낌을 주었습니다. 그 이미지는
'변화와 희망'이라는 오바마의 전략을 잘 보여 주었습니다.
아주 작은 것처럼 보이지만 사람들은 오바마의 이름을 접할
때마다 희망과 미래를 떠올리게 되었고 그가 희망찬 내일을
가져올 것이라고 믿게 되었습니다.

연설하는 오바마. 오바마는 뛰어난 연설 실력
으로 유명합니다.

who? 지식사전

〈하버드 로 리뷰〉

오바마는 하버드 대학교 재학 시절에 〈하버드 로 리뷰(The Harvard Law Review)〉라는 잡지의 편집장이 됩니다. '로
리뷰(Law Review)'는 법률 학술지로 각 로스쿨의 재학생 가운데서 제일 우수한 학문적 자질을 가진 사람들이 모여 만듭니다.
그런 로 리뷰 편집부원 가운데 성숙한 인격과 리더십 등 여러 가지 능력을 갖춘 사람이 편집장이 될 수 있습니다. 오바마가
미국에서도 손꼽히는 대학인 하버드 로스쿨의 편집장이었다는 것은 그만큼 주위의 인정을 받았다는 것을 뜻합니다.

넷　　**새로운 것을 두려워하지 말자!**

오늘날 사람들이 하루 종일 가장 많이 만지고, 보는 것은 아마 컴퓨터와 휴대 전화 같은 디지털 기기일 겁니다.

오바마는 대통령 후보 시절, 젊은 세대와 친해지기 위해 이런 디지털 기기를 적극적으로 활용했답니다. 인터넷을 통해 유권자들과 직접 대화하고, 실시간으로 동영상을 찍어 자신의 움직임을 알렸습니다. 당시 선거 운동에 인터넷이나 휴대 전화를 사용하는 것은 고정관념을 깨는 일이었습니다. 정치인들은 주로 선거 운동을 할 때 유권자를 직접 만나서 이야기하는 방법을 택하고 있었기 때문입니다. 그러나 오바마는 과감히 새로운 길을 택했습니다. 사람들은 언제 어디서나 쉽게 만날 수 있는 오바마를 적극적으로 지지하게 되었고, 그 힘은 젊은 세대 전체로 퍼져 나갔답니다.

지지자들에게 둘러싸인 오바마

다섯　　**언제 어디서나 리더십을 발휘하라!**

대학 시절, 〈하버드 로 리뷰〉를 이끌며 리더십을 발휘하던 오바마의 진가는 대통령 후보 시절에 빛을 발했습니다. 그는 뛰어난 리더십으로 주변의 사람들을 단단히 뭉치게 만들었고,

who? 지식사전

노벨상 수상자에게 주어지는 메달

노벨 평화상

노벨 평화상은 다이너마이트를 발명한 과학자 노벨의 유언으로 만들어진 노벨상의 5가지 부문 중 하나입니다. 세계의 평화를 위해 노력한 인물이나 단체에게 주어진답니다. 노벨상 시상식은 노벨의 사망일인 12월 10일에 스웨덴의 스톡홀름에서 열리는데, 노벨 평화상은 다른 부문과 달리 노르웨이 오슬로에 있는 국회에서 시상합니다. 우리나라의 제15대 대통령인 고 김대중 대통령도 노벨 평화상을 수상하였습니다.
한편 오바마는 2009년에 노벨 평화상을 받았습니다. 국제 분쟁을 해결할 때에 대화와 협상을 하는 올바른 분위기를 만들었으며 핵 없는 세계를 만드는 데에 큰 역할을 한 공을 인정받아 이 상의 수상자가 되었답니다.

모두가 같은 목표를 향해 달려갈 수 있는 계기를 만들어
주었습니다. 이런 오바마의 리더십은 열성적인 지지자도
만들어 냈습니다. 오직 오바마를 위해 선거 캠페인 현황을
실시간으로 알 수 있는 스마트폰 어플리케이션을 개발한
사람이 있을 정도였답니다.

학생들과 농구를 하는 오바마.
오바마는 대학 시절에 농구 선수로 활약하기도 했어요.

여섯 멀리 보는 눈을 키워라!

경쟁이 심한 기존의 시장을 '레드오션'이라고 합니다. 그에
반해 아직 아무도 뛰어들거나 관심을 갖지 않았지만 성장
가능성이 있는 시장을 '블루오션'이라고 부릅니다.
오바마는 20~30대 젊은이들에게 인정받기 위해 투표
당일 청바지를 입고 젊은이들과 농구를 하기도 했습니다.
다른 후보자가 정치에 관심이 많은 40~50대에게
자신을 홍보하는 데에 온 힘을 쏟을 때, 오바마는 블루오션을
찾은 것입니다. 눈앞의 현상만 보지 않고 멀리
보면서 새로운 기회를 찾은 것은 곧 좋은 결과로
이어졌습니다. 오바마는 정치에 별로 관심이 없던
젊은 층의 선거 참가율을 이전보다 4배나 올렸답니다.

오바마와 가족들

일곱 지혜를 갖춰라!

노벨 문학상을 받은 미국의 소설가 토니 모리슨은
오바마를 열렬히 지지하며 다음과 같이 말했습니다.
"오바마는 지성, 청렴성, 진정성 등을 두루 갖추고
있다. 게다가 그는 젊은 나이, 짧은 경륜, 흑인이라는
점을 초월해서 '지혜'를 보여 주는 후보다. 그것은 명석하고도
창조적인 상상력을 말한다."
오바마에 대한 이러한 평가는 지지율 상승에 큰 영향을
미쳤습니다.

2 나는
약하지 않아

이런!

배리가 다른 아이들과 싸움을 하고 다니는 걸까?

아니야, 그럴 아이는 아니지. 지난번 늪에 빠진 일도 그렇고.

아무래도 배리를 괴롭히는 녀석이 있는 모양이군.

자, 배리. 이 장갑을 껴 봐.

네 펀치가 얼마나 강한지 볼까?

나를 악당이라 생각하고 힘껏 쳐 봐.

어서!

언제까지 이렇게 가난하게 살 거야?

잘 생각해 봐.

내가 윗사람들한테 다 말해 놓았으니까 제대하면 우리 회사에 취직해.

......

그래. 신경 써 줘서 고마워.

오바마는 집에서 나와 친구들과 연날리기를 하러 갔어요.

톡

왜 이래?
연줄이 끊어졌잖아!

그러게 누가 약한 연을 들고 다니래?

하하하

응?
쟤 배리 아냐?

오호, 미국 사람 연은 얼마나 튼튼한지 한번 볼까?

어느 날, 학교에서 장래 희망에 대한
글짓기를 했습니다. 그때 오바마는
자신의 꿈을 대통령이라고 적었어요.

약한 사람과 강한 사람,
가난한 사람과 부유한 사람,
피부색이 검은 사람과 흰 사람,
이런 것에 상관없이 모두가 잘
어울려 행복하게 살아가는 세상을
만들고 싶은 마음에서였죠.

어린 오바마는 가난한 사람에 대한 차별,
인종 차별이 없는 세상에서 살고 싶었어요.

조금만 더
왼쪽으로!

됐어!
바로 거기야!

월급을 준다는군.
어서 가자, 롤로!

롤로는 군 복무 중이었습니다.
군인의 월급은 세 식구가 먹고 살기에는
턱없이 부족했습니다.

롤로, 며칠 후면
제대하는데 무슨
일을 할 건가?

아는 사람의 소개로
미국 석유 회사에서
일하기로 했습니다.

오, 거긴 높은 월급이 보장된 직장 아냐?

나도 잘 부탁하네. 하하하!

슬쩍

휴, 월급이 너무 적어 집에 가져다주기도 미안하군.

앤도 생활비를 벌기 위해 인도네시아 사업가들에게 영어를 가르치는 일을 시작했습니다.

아임 프럼 인도네시아.

따라 해 보세요. 아임 프럼 인도네시아.

"저는 인도네시아에서 왔습니다."라는 뜻이에요.

저는 인도네시아 …….

쯧쯧, 그건 따라 하지 않아도 돼.

그동안 돈이 없어 고생한 걸 생각하면 지긋지긋하지도 않아?

옳지 않은 일로 번 돈이 얼마나 갈 것 같아요?

죄의식을 갖고, 제발 예전의 당신 모습으로 돌아와요, 롤로.

죄의식? 그건 당신 같은 외국인이나 가질 수 있는 사치야.

뭐라고요?

어떻게 그런 말을!

돈과 권력의 달콤한 맛에 빠진 롤로는 불법으로 돈을 모으고 탈세까지 저지르다 결국 돈과 명예 모두를 잃고 점점 몰락해 가고 있었어요.

그즈음 오바마의 여동생 마야가 태어났습니다.

네 동생 마야란다.

방긋 웃었어요. 저를 알아보나 봐요.

그럼, 오빠인데 당연하지.

안녕? 나는 네 오빠 배리야.

언제 들이닥칠지 모르니까 빨리 끝내!

아빠, 마야가 저를······.

값비싼 물건들은 모두 창고에 숨겨!

알겠습니다.

우리 배리가 학교에서
아직 돌아오지 않았어요.

제발 부탁합니다.
꼭 좀 찾아 주세요.

자, 각자 흩어져
찾아봅시다.

아! 저기 누가
오고 있어요.

배리!

이게 어떻게 된 일이니?
어딜 갔다 이제 온 거야?

친구네 농장에서
놀다 왔어요.

롤로의 무관심에 화가 난 앤은
밤새 차를 몰아 늦게까지 진료하는
병원을 찾아갔어요.

앤은 낯선 나라에서 오바마를 지켜 줄 사람은
자신밖에 없다는 생각을 하게 되었어요.

그 후로 앤은 오바마에게 친아버지인
오바마 시니어에 대한 이야기를
자주 들려주었어요.

네 친아버지는
똑똑하고
부지런한
사람이셨어.

네 이름 버락도
네 아버지가 지어 주신
이름이야. '신의 축복을
받은 아이'라는
뜻이란다.

그렇군요.

오바마는 어머니를 통해 가난한 나라에 태어나 가난한 생활을 할 수밖에 없었지만 정직함을 잃지 않고 언제나 당당했던 친아버지 버락 오바마 시니어의 이야기를 전해들을 수 있었습니다.

네 이름처럼 축복 받은 삶을 살아야 할 텐데, 이 나라는 네게 그런 기회를 줄 것 같지가 않구나.

배리, 넌 하와이로 돌아가거라.

엄마도 같이 가는 거예요?

아니. 엄마는 이곳에서 할 일이 남았단다. 지금은 너 혼자 가야 하는데 그럴 수 있지?

예.

엄마가 매일 새벽부터
미국 아이들이 배우는
공부를 가르쳐 주신
이유를 이제 알겠어요.

그리고 친아버지처럼
강한 정신을 가져야
한다고 말씀하신
이유도요.

저 잘할 수 있어요.
걱정 마세요. 엄마!

우리 배리,
어른이 다 됐구나.

1971년, 열 살이 된 오바마는
4년 동안의 인도네시아 생활을 뒤로하고,
혼자 하와이로 가는 비행기를 탔어요.

하와이와 인도네시아

버락 오바마는 하와이에서 태어나 인도네시아에서 어린
시절을 보내며 자랐습니다. 어린 시절 오바마가 어떤 환경에서
자랐는지 한번 살펴볼까요?

하나 ⟨ **오바마가 태어난 곳, 하와이**

오바마는 하와이주의 중심 도시 호놀룰루에서 태어났습니다.
하와이는 미국의 50번째 주로 미국 영토이지만 본토와는
떨어져 있습니다.
하와이는 따뜻한 날씨와 아름다운 자연환경으로 유명합니다.
연평균 기온은 20도가 넘고 강수량도 적당하여 농사를
짓기에도 안성맞춤입니다. 특히 사탕수수와 파인애플, 수수,
옥수수는 세계로 수출하는 중요한 농작물입니다.
또한 하와이는 세계적인 관광지로도 유명합니다. 하와이
원주민의 생활이 녹아 있는 예술 공원, 수많은 공연
및 축제, 아름다운 자연환경을 즐기러 전 세계의 많은
사람들이 찾아옵니다.

하와이의 위성 사진

who? 지식사전

하와이는 여러 개의 섬으로 구성돼
있습니다.

하와이의 주도, 호놀룰루

오바마가 태어난 호놀룰루는 하와이 섬에서 가장 많은 인구가 사는 곳입니다.
하와이 제도 전체 주민의 60퍼센트가 호놀룰루의 시내에, 20퍼센트가 호놀룰루의
외곽에 살고 있다고 합니다.
호놀룰루는 해안선을 따라 뻗어 있는 도시로, 원래 항구로 유명한 곳이었지만
지금은 태평양 항공 교통의 요지가 되었습니다. 또한 중심지인 만큼 주요 산업과
교육, 문화 시설들이 모여 있습니다.
하와이의 대표적인 관광지인 와이키키 해변은 호놀룰루에 위치해 있으며, 현대적인
휴양지와 아름다운 자연이 조화되어 있어 '파라다이스(걱정 없이 행복을 누릴 수
있는 곳)'라고 불립니다. 수많은 관광객으로 인해 호놀룰루 국제 공항은 미국에서
가장 분주한 공항입니다.

둘   하와이의 명소

하와이의 대표적인 관광지로는 다이아몬드 헤드 분화구와
와이키키 해변이 있습니다.

다이아몬드 헤드 분화구는 10만 년 전에 화산이 폭발하면서
바닷속에서 솟아오른 산으로, 이제는 더 이상 활동하지
않는 사화산입니다. 이 분화구는 지름이 1,200미터나
되는 거대한 크기를 자랑하는데 이곳에 오르면 하와이의
아름다운 모습이 한눈에 보인다고 합니다. '다이아몬드
헤드'라는 이름이 붙여진 이유는 분화구 꼭대기의
암석들이 햇빛을 받으면 다이아몬드처럼 반짝이기
때문입니다.

와이키키 해변은 육지와 달리 물이 풍부하기 때문에
붙여진 이름이랍니다. 다이아몬드 헤드에서 시작해
2킬로미터에 이르는 이 백사장은 많은 사람이 휴양지로
찾으면서 유명해졌습니다. 또한 와이키키 해변은
야경이 빼어난 것으로도 알려져 있습니다.

다이아몬드 헤드 분화구에서 보이는 아름다운 풍경
ⓒ Jim Harper

하와이의 전통 무용, 훌라 댄스

꽃 목걸이를 한 아름다운 여인들이 화려한 치마를 걸치고 허리를 흔드는 춤을 본
적이 있나요? 바로 하와이의 전통 춤인 '훌라 댄스(Hula dance)'입니다. 훌라 댄스는
우쿨렐레와 기타, 대나무 쪽 등으로 연주하는 전통 가락에 맞추어 물결치는 듯한 동작을
합니다.

특히 손으로 춤의 주제를 표현하는데, 여러 가지 동작을 통해 바람에 흔들리는 야자수를
표현하기도 하고, 파도가 일렁이는 바다를 나타내기도 하며, 아름다운 사랑 이야기를
들려주기도 하지요. 훌라는 원래 풍요를 기원하고 신을 모시는 종교 행사에서 추는
춤이었지만 지금은 오락적인 요소가 강한 전통 무용으로 자리 잡았어요. 훌라 댄스는
하와이의 아름다운 풍광과 어울리는 흥겨운 춤이랍니다.

훌라 댄스는 손과 팔을 유연하게
움직이는 것이 특징입니다.

셋   오바마가 어린 시절을 보낸 곳, 인도네시아

인도네시아의 정식 명칭은 인도네시아 공화국입니다.
세계에서 가장 많은 섬으로 이루어진 섬나라이자 세계에서
4번째로 인구가 많은 나라입니다.

동남아시아에 위치한 인도네시아는 기온이 높고 강수량이
많은 열대 기후에 속하며, 밀림이 우거져 있고 농작물이 잘
자란답니다. 대표적인 수출 품목으로는 커피, 사탕수수, 차
같은 열대 농작물과 쌀 등이 있습니다.

인도네시아의 또 다른 특징은 여러 인종의 사람들이 함께 모여
살고 있는 것입니다. 300여 개가 넘는 다양한 종족으로 구성된
아시아계의 원주민뿐만 아니라 유럽의 지배를 받는 동안
이주해 온 사람들이 모여 있기 때문입니다. 이렇게 다양한
사람들과 여러 문화가 자연스럽게 합쳐지면서 인도네시아
문화가 더욱 풍부해졌답니다. 특히 불교의 유적, 힌두교 사원,
금속 세공, 장식 예술 등은 세계적으로 인정받고 있습니다.

인도네시아에서 농사를 짓는 모습 ⓒ Merbabu

who? 지식사전

인도네시아는 이런 나라!

인도네시아 지도

• 위치: 동남아시아
• 수도: 자카르타
• 지형 구성: 17,500여 개의 섬
• 공용어: 인도네시아어
• 면적: 190만 제곱킬로미터(세계 15위, 남한의 약 19배)
• 기후: 열대성 기후
• 인구 구성: 자바족, 순다족, 아족 등 전체적으로는 300여 종족
• 정부 형태: 대통령 중심제
• 종교: 이슬람교(86퍼센트), 기독교(6퍼센트), 가톨릭(3퍼센트), 불교(2퍼센트), 힌두교(2퍼센트), 기타(1퍼센트)
• 우리나라와의 관계: 1949년 국교가 수립된 이후로 정치, 경제적으로 우호 관계를 유지. 2009년에는 인도네시아의 소수
  민족인 '찌아찌아족'에게 한글 보급

인도네시아의 수도, 자카르타

자카르타라는 이름은 '승리의 도시'라는 뜻의
'자야카르타'에서 유래했습니다. 자카르타는 오랫동안
인도네시아의 수도로 정치, 경제, 문화의 중심지
역할을 했답니다. 최근에는 인도네시아 무역의 절반
이상이 자카르타를 통해 이루어지면서 동남아시아
최고의 거대 도시로 성장했습니다.

자카르타는 일 년 내내 기온이 27도에 머무르는
쾌적한 날씨를 자랑합니다. 심지어 가장 추운 날도
20도 정도라고 합니다. 다만 비가 많이 내리기
때문에 우기(일 년 중 비가 많이 오는 시기)에는
홍수가 나기도 한답니다.

자카르타에는 경제 관련 행정 부처와 금융업, 상업
지역이 밀집해 있고, 대학과 언론사들도 모여
있습니다. 또한 버스와 철도가 인도네시아의 주요
도시로 뻗어 있어 교통이 편리하답니다.

자카르타의 야경

인도네시아의 신, 하누만

하누만은 인도 신화 중 힌두 신화에 등장하는 원숭이 신으로, 바람
신의 아들이자 원숭이의 왕인 수그리바의 가장 현명하고 용감한
신하이기도 합니다. 하누만은 자유자재로 변신하고 하늘을 날
수도 있답니다.

하누만이 인도네시아 사람들에게 사랑받는 이유는 고대 문학
작품인 〈라마야나〉에서 찾을 수 있습니다. 하누만이 악마에게
잡혀간 왕비를 구출하고, 아픈 군사를 치료해 주는 일화는 무척
감동적입니다. 지금의 인도네시아 사람들은 하누만을 시골의
수호신, 농사를 주관하는 신으로 모시고 있습니다.

하누만이 왕 부부를 만나는 모습을 그린 그림

이제부터 배리
네가 우리와 함께
살 집이야.

아!

그제야 오바마는 엄마와 떨어져
살아야 한다는 현실이 와닿았습니다.

하지만 외할머니와 외할아버지의 따뜻한
배려는 그러한 현실을 잊게 해 주었습니다.

외할아버지는 생명 보험 회사의
직원으로 일하고 있었어요.

외할머니는 은행에서 능력을 인정받아
부지점장으로 승진해 있었어요.

학교에서 좋은 친구도 많이 사귀고 싶어요.

그래, 우리 배리는 잘 해낼 거야.

얼른 들어가요!

잘 부탁합니다, 선생님!

네, 걱정 마세요.

들어가자!

이쪽은 프레더릭,

그리고 이쪽은 버락 오바마야. 모두 친하게 지내렴.

우리 학교로 두 명의 친구가 전학을 왔단다.

전 그 아이들과 달라요.
피부색도 다르고
출신도 다르다고요.

뭐라고?

안녕,
난 코레타라고 해.

으응.

심심해!

어떻게 하면
우리 반 아이들과
친해질 수 있을까?

이 학년에서 내가
유일한 흑인이었는데
네가 와서 정말 반가워.

코레타를 멀리한 대가로
오바마에겐 몇 명의
백인 친구가 생겼습니다.

오바마는 그제야 자신이 못된 백인 아이들에게
시험을 당했으며, 잘못 대처했다는 것을
알게 되었습니다.

그날 이후로 오바마는
자신의 한 부분이 짓밟히고
깨어졌다는 느낌을 지울 수가
없었습니다.

네 할머니 마중을 나가야 하는데 정신없이 이야기하다 보니 깜빡했구나.

이제 난 죽었다!

당당하게 행동하세요, 할아버지. 하하하.

이 녀석이!

헤헤, 저도 이제부터는 적극적으로 먼저 다가갈 거예요. 나가서 친구들이랑 놀다 올게요.

할아버지, 할머니 오셨어요!

지, 지금 막 데리러 가려고 했는데……

앤에게서 편지가 왔어요.
다음 달에 오바마 시니어가
하와이에 온대요.

뭐?

오바마
시니어라면?

그래, 케냐에 있는
네 친아버지야.

아버지?

교통사고로
다리를
다쳤는데
요양도 하고
너도 만날 겸
하와이에
온다는구나.

아, 아버지가
오신다니……

두근
두근
두근

이민자들의 나라, 미국

다양한 민족이 섞여 사는 '인종의 용광로'

미국은 러시아, 중국, 캐나다에 이어 세계에서 네 번째로 큰 나라입니다. 이 거대한 땅에는 전 세계에서 모여든 다양한 인종과 민족들이 살고 있습니다.

종교적인 핍박을 피해 온 영국의 청교도들, 새로운 영토를 찾아 온 네덜란드, 잉글랜드, 에스파냐 사람들과 그들의 노예로 팔려 온 아프리카 흑인, 그리고 일자리를 찾아 온 중국인과 일본인 등 아시아인까지 지구에 사는 모든 인종이 모여 살기 때문에 미국을 'melting pot(인종의 용광로)'이라고 부르기도 합니다.

미국에 도착한 이방인들을 제일 처음 맞이하는 것은 뉴욕 항구 앞에 서 있는 거대한 자유의 여신상입니다. 굳게 입술을 다문 채 당당한 모습으로 우뚝 서 있는 이 여신상은 미국이 '자유와 평등'의 나라라는 이미지를 심어 줍니다.

자유의 여신상은 오른손에 자유를 상징하는 횃불을, 왼손에는 모든 인간은 자유롭고 평등할 권리를 가진다는 독립 선언서를 들고 있습니다. 여신상을 받치고 있는 주춧돌에는 미국 여류 시인 에마 라자루스의 시가 새겨져 있습니다.

'고단하고 가난한 자들이여, 자유로이 숨 쉬고자 하는 군중이여, 내게로 오라.'

이 글처럼 미국은 나라를 발전시키기 위해 여러 나라의 이민자들을 적극적으로 받아들였습니다. 미국으로 건너온 이민자들은 서부 개척, 산업 혁명 등을 거쳐 미국이 경제 대국으로 발전하도록 열심히 도왔답니다.

미국 뉴욕 시 리버티섬에 있는 자유의 여신상. 미국과 프랑스 국민들 간의 친목을 기념하기 위해 세워진 동상입니다.

자유의 여신상 얼굴. 머리까지 엘리베이터가 설치되어 있고, 왕관은 창문으로 돼 있어 전망대 역할을 합니다.

하나 ⟩ 인종의 용광로가 가진 두 얼굴

다양한 인종들이 모여 만든 나라라는 점은 한편으로 갈등의
불씨가 되기도 했습니다. 가장 처음 미국 땅에 발을 들인
유럽의 백인들은 다른 민족들을 경계했기 때문입니다. 더
나은 미래와 풍요로운 삶을 향해 부푼 꿈을 안고 고향을
떠나온 이들에게 백인들은 심한 차별을 가했습니다.
그들은 흑인과 황인들을 경계했고 중국인을 '칭칭', 일본인을
'잽스', 흑인을 '쿤'이라고 낮춰 불렀습니다. 이런 분위기가
퍼져 나가자 힘 있는 백인들은 인종 차별을 당연하게
받아들였습니다.
중국인들의 이민이 늘어나자 1882년에는 중국인 배척법을
제정했고, 1924년에는 아예 아시아인의 이민을 금지해
버렸습니다. 그러면서도 유럽인들의 이민은 오히려
우대했습니다.
인종 차별적인 이민 정책이 계속되자 몰래 미국에
들어가 사는 불법 체류자가 많아졌습니다. 그 수가 현재
1100만~1200만 명 정도 되며, 이중에 한국인 불법 체류자도
20만~30만 명이나 된다고 합니다.

일자리를 얻지 못한 이민자들(1888년의 그림)

JAPS라고 쓰인 일본인을 비하하는 피켓을 들고
있는 미국인들

who? 지식사전

미국 속의 한국인

1960년대 전후 6·25 전쟁으로 인해 우리나라에 남은 것은 가난과 절망뿐이었습니다. 산업 기반 시설이 모두 파괴되어
황폐해졌고, 사회가 불안정해서 점점 더 살기 힘들어졌습니다. 많은 국민들은 좌절감으로 인해 이민을 선택했답니다.
이민자들이 만든 나라인 미국은 외국인들에게 너그러웠기 때문에 우리나라 사람들은 자연스럽게 미국으로 이민을 갔습니다.
한국 이민자들은 특유의 끈기와 부지런함으로 성공적인 이민 생활을 할 수 있었습니다.
지금은 예전처럼 한꺼번에 많은 사람들이 이민을 가진 않지만 초기에 정착한 사람들이 가정을 꾸리면서 이민 2세대, 3세대가
생겨나 동포의 수는 점점 늘어나고 있습니다. 현재 미국에 살고 있는 우리나라 사람들의 수는 200만 명이 훨씬 넘는답니다.
미국에서 한국인이 가장 많이 사는 곳은 캘리포니아주의 로스앤젤레스라는 도시입니다. 로스앤젤레스의 한인 타운은 한국
음식, 한인 방송 등 한국 문화를 쉽게 접할 수 있어 '리틀 코리아'라 불립니다.

미국의 인종 차별과 흑인 폭동

오늘날 미국이 안고 있는 가장 심각한 문제는 인종
갈등입니다. 특히 미국 인구의 대부분을 차지하는 백인들과
그들의 노예로서 미국 땅을 밟은 흑인 간의 오랜 갈등이
대표적입니다. 1863년, 링컨 대통령이 노예 해방을
선언하면서 흑인들은 노예의 신분을 벗어났지만 백인들은
오랜 관습대로 흑인을 무시하고 차별했으며, 이러한 모습은
아직도 남아 있습니다.

이런 불합리한 일들에 대해 불만이 쌓일 대로 쌓인 흑인들은
종종 폭동으로 분노를 표출하곤 했습니다. 1919년에는
'피의 여름'이라고 할 정도로 많은 폭동이 일어났으며, 그
뒤에도 흑인 폭동은 미국 전역에서 계속 발생하고 있습니다.
수많은 폭동 중에서도 대표적인 사건이 '로스앤젤레스
인종 폭동'입니다. 1992년, 백인 경찰 몇 명이 흑인 청년을
무자비하게 폭행한 사건이 일어났습니다. 물론 청년이
잘못한 일이 있었지만 그 처벌이 과했습니다. 이 일로 재판이
열렸지만 경찰들은 모두 무죄를 받았습니다. 결국 재판 결과에
분노한 흑인들은 폭동을 일으켰고 한인 상점이나 주택가까지
번져 우리 동포들에게도 큰 타격을 주었습니다.

로스엔젤레스에서 시위하는 사람들

who? 지식사전

우리 집 뒷마당은 안 돼, NIMBY!

대표적인 혐오 시설인 원자력 발전소

미국은 여러 인종과 민족이 모여 사는 나라이다 보니 동포애나 민족주의 같은
공동체 의식보다는 개인을 더 중요시 여기는 사회가 되었습니다. 일부 사람들은
나와 내 가족만 잘살면 된다는 극단적인 이기주의를 보이기도 합니다.
이런 이기주의를 잘 보여 주는 말이 'NIMBY(님비)'입니다. Not In My Back Yard의
약자로, 그대로 해석하면 '우리 집 뒷마당은 안 돼'라는 뜻입니다.
1978년, 화물선 모브로 4000호가 항해에 나섰습니다. 이 배 안에는 약 3,168톤에
달하는 쓰레기가 실려 있었습니다. 쓰레기는 미국 뉴욕 근교의 작은 동네
아이슬립에서 배출된 것들이었습니다. 쓰레기는 쌓여 가는데 처리할 방법이 마땅치
않자 이를 받아 줄 곳을 찾아 항해에 나선 것이었답니다. 그런데 노스캐롤라이나,

극단적인 인종 차별주의자들의 모임, KKK단

KKK단(쿠 클럭스 클랜, Ku Klux Klan)은 백인 우월주의,
인종 차별 등을 내세우는 미국의 비합법적인 비밀 단체입니다.
KKK단이란 한마디로 말해서 인종 차별주의자들의
모임이라고 할 수 있습니다.

이들은 링컨 대통령이 흑인 노예제 폐지를 발표했을 당시부터
활동을 시작했습니다. 노예에서 해방된 흑인뿐만 아니라
노예 해방을 지지하는 백인들까지 기습하여 집단 폭행하는 등
폭력을 일삼았습니다.

위계질서를 철저히 지키며, 종교적 의식을 올리고, 얼굴을
흰 두건으로 가리는 이 비밀 결사 조직은 처음에는 위협과
공갈, 협박으로 백인의 지배권을 회복하려고 했습니다.
그러다가 세력이 확장되자 흑인과 흑인 해방에
동의하는 백인들에게 해를 가하고 그들의 집을
불태우는 등 보다 끔찍한 테러를 서슴지 않고
행했습니다.

지금은 예전처럼 격렬한 활동을 보이지 않지만 아직도
미국에 살고 있는 흑인과 황인 등은 KKK단의 활동을
두려워하고 있습니다.

얼굴을 흰 두건으로 가리고 다니는 비밀 결사
조직 KKK단

십자가를 불태우며 위협적인 모습을 보이는 KKK단

공항 같이 소음이 심한 시설도 싫어하는 사람이 많습니다.

플로리다, 앨라배마, 미시시피, 루이지애나, 텍사스 등 미국 남부 6개
주 어디에서도 쓰레기를 받아 주지 않았습니다. 중남미로 방향을 틀어
멕시코와 벨리즈, 바하마까지 갔지만 거기서도 모두 거절당했습니다.
결국 쓰레기는 6개월 동안 6개주, 3개국을 떠돌다가 아이슬립으로
되돌아오고 말았답니다.

님비라는 말은 이때에 생겼습니다. 쓰레기 소각장이나 분뇨 처리장,
화장장 같이 우리 생활에 꼭 필요한 것들이지만 '우리 동네에 설치하는
것은 거절'이라며 완강히 저항하는 현상이 바로 님비 현상이랍니다.

4 아버지의 선물

백인 친구들과 친해진 오바마는 학교생활이 훨씬 쉬워졌습니다. 그러나 코레타에 대한 미안함으로 늘 마음 한편이 무거웠습니다.

배리! 네 아버지는 케냐에서 무슨 일을 하시니?

일?

걱정 마. 너하고 아버지는 좋은 친구가 될 수 있을 거야.

고오오오

배리.

아들인가요?

네, 똘똘하게 생겼죠?

엄마는 나를 보면 공부밖에 생각이 안 나나 봐.

부르르

아버지와 만났을 때 네가 케냐에 대해 많이 알고 있으면 얼마나 좋아하시겠니?

알았어요. 해 보죠, 뭐.

네 아버지가 속한 부족인 루오족은 나일강 주변에 살다가 케냐로 이주한 민족이란다.

와! 정말이에요?

왜?

인류의 문명이 시작된 나일강에서 왔다니, 멋지잖아요!

황금 전차에 올라탄 전사들, 피라미드와 파라오!

최고야!

애도 참, 호호호!

고맙습니다.

이제야 말문이 트이는구나. 하하하!

태어나서 처음 만난 아버지는 오바마에게 무척 어색하고 낯선 존재였습니다.

하지만 아버지와 함께하는 시간이 길어질수록 오바마는 아버지와 점점 가까워졌고,

어쩌면 영원히 함께 살 수도 있을 것만 같은 생각이 들었습니다.

배리, 너 오늘 텔레비전 많이 봤잖니?

이제 어른들끼리 편하게 이야기하도록 네 방에 가서 공부하거라.

놔두게. 자네도 텔레비전을 보지 않는가?

아예 텔레비전을 보지 못하게 하자는 것이 아닙니다. 여태 텔레비전을 봤으니 이제는 공부를 좀 하라는 말이죠.

저 만화 영화는 배리가 제일 좋아하는 거예요. 이것만 보게 해 줘요.

앤, 그건 말이 안 되오.

아빠 싫어!

탁

잘 알지도
못하면서
화만 내시고.

배리야!
엄마 방에 가서
빨래할 거 있으면
가져오너라.

네, 할머니!

큰일이다!

친구들한테 아버지가
루오족의 왕자라고
말해 놓았는데 거짓말한 게
다 들통나게 생겼잖아.

어떡하면 좋아!

오늘 네 아빠가
강의하신다며?

으응.

와! 드디어
루오족의
왕자님을
보는 거네?

그, 그래.

오바마 시니어는 아득한 옛날의
아프리카 이야기부터 시작했습니다.

사자를 죽임으로써 진정한 어른이
되었음을 증명하게 했던
아프리카 부족의 관습,

그리고 노인들이 가장 존경을 받았으며
그들이 커다란 나무 밑에서 사람들이
따를 법을 제정하던 이야기들을
들려주었습니다.

또한 침략자들에 맞서 용맹하게 싸웠던 케냐인들의
강인한 정신을 생생하게 설명해 주기도 했어요.

이것으로 오늘 이야기를 마치겠습니다.

와아아아!

정말 멋진 강의였어.

난 아프리카에 와 있는 것 같은 착각이 들 정도였다니까.

넌 정말 멋진 아버지를 두었구나.

네 아빠 끝내준다! 최고야!

대체 이게 어떻게 된 거야? 걱정하던 것과는 영 딴판이잖아.

아아.

배리가 미국 명문 학교에서도 잘 적응해 나가고 있었구나.

케냐에 데려가면 할 일이 많으리라 생각했는데, 어쩌면 이 미국 땅에서 내가 못 이룬 꿈을 이룰 수 있을지도 모르겠어.

고마워, 배리.

응?

배리.

아빠!

그래, 헤어질 때가 되었구나.

저랑 여기에서 살아요.

녀석.

배리, 잘 들어라. 이것이 아프리카의 소리란다.

이리 오렴. 아빠와 함께 춤을 추자꾸나.

전 춤출 줄 몰라요.

하하하, 이렇게 훌륭한 선생님이 있는데 무슨 걱정이니?

자, 선물이다.

공부도 운동도
열심히 해야 해.

아빠, 저도 선물을
준비했어요.

넥타이구나. 이걸 매고
있으면 다들 나를 굉장히
중요한 사람으로
생각할 거야.

잘 지내라.

오바마와 아버지의 첫 만남은 이렇게 짧게
끝났습니다. 하지만 그 기억은 매우 강렬하여
오바마의 삶에 많은 영향을 끼치게 됩니다.

아빠!

오바마의 뿌리, 케냐

케냐 지도. 케냐는 아프리카 대륙 동쪽에 위치한 나라입니다.

오바마는 잘 알려져 있듯이 케냐인 아버지와 미국인 어머니 사이에서 태어났습니다. 그렇기에 케냐는 오바마의 뿌리라고 할 수 있습니다.

케냐의 정식 명칭은 '케냐 공화국(Republic of Kenya)'입니다. 아프리카 중동부에 위치하고 있는 나라로 인도양과 접해 있습니다. 주변에는 소말리아, 에티오피아, 수단, 우간다, 탄자니아 등의 나라가 있답니다.

케냐에서는 스와힐리어와 영어를 사용합니다. 스와힐리어는 아프리카에서 주로 사용하는 언어입니다. 인종은 대부분이 흑인으로 이루어져 있으며 키쿠유족, 루히아족, 루오족, 칼렌진족 등 다양한 민족이 섞여 살고 있습니다. 또한 케냐에는 유네스코 자연 유산인 세렝게티(Serengeti)가 있습니다. 세렝게티는 생태계가 잘 보존되어 있어 다양한 동식물이 서식하는 야생의 땅이랍니다.

케냐의 화폐

who? 지식사전

케냐의 자연환경 살펴보기

케냐산. 케냐에서 가장 높은 곳으로 5,199m의 높이를 자랑합니다.

케냐의 아름다운 일몰 풍경

세렝게티 초원에 사는 동물들

하나 › 케냐의 수도, 나이로비

나이로비란 마사이어로 '맛있는 물, 차가운 물'이라는
뜻입니다. 역사적으로 이 지역은 마사이족, 키쿠유족의
거주지였습니다.
나이로비가 도시로 발전하기까지는 철도의 역할이
컸습니다. 백년도 되지 않은 짧은 역사를 가진 도시이지만
케냐를 넘어 아프리카 동부의 중심 도시가 되었습니다.
나이로비는 기후가 서늘해서 활동하기 좋고 국제 항공도
발달되었기 때문에 외국의 기업과 문화 시설이 많습니다.
각종 국제 회의가 열리는 곳이기도 합니다.

하늘에서 내려다 본 나이로비의 모습

둘 › 사막과 열대 우림의 공존

케냐의 북쪽 지역에는 사하라 사막이 있는데, 이곳은
아주 건조한 기후입니다. 반면 수도인 나이로비를
포함한 남부 지역은 건기(기후가 건조한 시기)와
우기가 교차하는 열대 사바나 기후의 전형적인 특징이
나타납니다.

열대 우림 지역

열대 기후

열대 기후는 연평균 기온이 25도 이상이고 매우 덥고 비가 많이 내리는 특징이
있습니다. 열대 기후에는 열대 우림 기후, 사바나 기후, 열대 계절풍 기후가 있는데,
케냐는 열대 우림 기후에 속하며, 다른 말로 적도 우림 기후라고도 합니다.
열대 우림 기후는 연평균 기온이 26~28도 정도이고 비가 많이 내리는 것이
특징입니다. 또한 많은 종류의 나무가 자라 밀림을 이루고 있습니다.
사바나 기후는 비가 내리는 우기와 비가 내리지 않는 건기가 뚜렷하게 구분되며
키가 큰 풀이 많이 자라 초원을 이루고 있습니다.
열대 계절풍 기후는 긴 우기와 짧은 건기가 나타나는 것이 특징입니다. 밀림이 별로
없고 벼나 커피 등이 잘 자란답니다.

사바나 지역 © eismcsquare

셋 문화

케냐의 음식 문화는 각 지역의 자연 환경적 특색에
영향을 받으면서 발전했습니다. 케냐 고원 지역에 살고
있는 키쿠유족의 주식은 콩과 옥수수입니다. 옥수수
가루를 물에 개어 만든 것을 '우갈리(Ugali)'라고
부르는데, 이는 동아프리카 전역에서 쉽게 찾아볼 수
있는 음식입니다.

야채를 곁들인 우갈리. 우갈리는 아프리카인들의
주식입니다. ⓒ Bacardi

해안에 거주하는 케냐인들은 코코넛 열매를 이용해
지은 밥인 '왈리(Wali)'를 튀긴 생선과 쇠고기 수프인
'카랑가(Karanga)' 등과 함께 먹습니다. 우리나라가
밥과 국, 반찬을 함께 먹는 것과 비슷한 형태랍니다.
사바나 지역에 거주하면서 유목 생활을 하는 마사이족
등은 우유와 소의 피를 섞어 마시기도 하고, 소의 피를
응고시킨 것을 간식으로 먹기도 합니다.
케냐에서 매우 중요한 의례 중의 하나는 성년식입니다.
케냐의 마사이족은 이 성년식을 어린 전사의 지위에서
성년의 삶으로 넘어가는 중요한 의례로 생각합니다.
우리나라에서 만 18세가 되면 주민등록증이 나오고, 그
후로는 어른으로 대우받는 것과 비슷한 것입니다.

마사이족 전사 분장을 한 어린이

who? 지식사전

국제 대회에서 좋은 성적을 거두는 케냐의 마라톤 선수들

마라톤 강국, 케냐

케냐는 뛰어난 육상 선수가 많은 나라로 유명합니다. 특히
장거리 종목은 아주 뛰어나 올림픽 대회, 육상 선수권 대회,
각종 마라톤 대회에서 수많은 메달을 획득했답니다. 스포츠를
좋아하는 친구들은 올림픽 대회의 육상 경기에서 우승하는 케냐
사람들을 본 적이 있을 거예요.

넷   오바마를 자랑스러워하는 케냐 사람들

오바마가 미국 대통령에 당선되자 아버지의 고향인 케냐와
그가 어린 시절을 보낸 인도네시아는 축제 분위기에
휩싸였습니다.

케냐 대통령은 오바마의 당선 확정 후 "미국뿐 아니라
케냐에게도 역사적 순간"이라고 말했습니다. 또한
"오바마의 뿌리가 케냐에 있기 때문에 그의 승리는
케냐의 승리이며 우리는 그의 당선에 자부심을
느낀다."는 성명을 내고 오마바의 당선일을 국경일로
선포했답니다.

나이로비의 국립 극장에서는 오바마를 주인공으로 한
〈오바마 더 뮤지컬〉이 공연되고 유명 가수들이 오바마
찬양 노래를 부르는가 하면 일반인들도 자녀 이름을
오바마로 짓는 등 전국이 오바마 열풍에 휩싸였습니다.

미국 대통령 선거 당시 오바마의 당선을 기원하며 초조한
마음으로 개표 방송을 지켜보는 케냐 사람들

특히 오바마의 친할아버지와 할머니가 거주하는 케냐 서부의
코겔로에서는 마을 한가운데 대형 스크린을 설치하고
밤새 개표 결과를 지켜보았습니다.

개표가 끝나고 오바마의 당선이 확정되자 케냐
사람들은 열광했습니다. 흩어져 살고 있던 오바마의
친척들도 모두 코겔로에 모여 "우리가 백악관으로 가게
됐다."고 노래하며 흥겨워했습니다.

한편 오바마가 유년 시절을 보낸 인도네시아에도 오바마
열풍이 불었습니다. 오바마가 다녔던 자카르타 초등학교
학생들은 텔레비전을 통해 선거 개표 방송을 지켜보다가
"오바마가 이겼다."고 외치며 기뻐했다고 합니다.

또한 오바마의 친구였던 인도네시아 국회 의원인 데위
아스마라 오에토조는 "오바마가 대통령이 되고 싶다고
말했지만 그때 우리는 그 말이 우습다고 생각했다."며
당시를 회상했습니다.

오바마가 당선되자 축하를 받는 오바마의 할머니

5 나는 누구일까?

안녕하세요, 아빠. 건강히 잘 계시죠?
이곳 가족들도 잘 지내고 있답니다.

그 무렵, 오바마는 흑인으로서 미국에서 큰일을 하겠다는 꿈을 가지게 되었어요.

케냐의 동물 친구들 사자, 코끼리, 악어들도 잘 뛰어놀고 있겠지요?

하지만 주변 사람 누구도 오바마에게 꿈을 이룰 수 있는 방법을 알려 주지 못했습니다.

보고 싶어요, 아빠.
케냐도 아프리카도……

오직 아버지와 주고받는 편지만이
오바마에게 힘을 주었습니다.

아들아!
희망은 먼 미래의 어느 먼 나라에만
있는 것이 아니란다. 언제 어디서나
새로운 꿈을 꾸는 자만이
새로운 세상의 시민이 될
자격이 있어.

잘 알겠습니다,
아빠!

오바마가 하와이로 온 후,
앤은 롤로와 이혼하고 동생 마야를 데리고
하와이로 돌아왔습니다.

앤과 오바마, 마야 세 사람은
푸나호우 학교 옆에 작은 아파트를 얻어
함께 살았어요.

오바마는 어머니와 떨어져서도
착실하게 학교생활을 해 나갔습니다.

레이! 오늘은
왜 그렇게 힘이
없어?

마음이 심란해서
그래.

모니카한테 파티에 같이
가자고 했다가 퇴짜 맞았거든.

그래?

*쿤: 흑인을 낮춰 부르는 말

배리야, 잘 지내니?
난 잘 지내고 있단다.

아빠는 지금 너의 혼란스러움을
이해할 수 있단다. 지금은 힘들겠지만
진정 네가 바라는 것을 찾는 과정이라고 생각하렴.
머물 곳을 찾아서 끊임없이 흘러가는 물처럼
너도 언젠가는 네게 맞는 일을 찾게 될 거다.

나에게 맞는 일이라니,
이게 무슨 뜻이지?

어서 와, 스탠리.
왜 이리 늦었어?

하하하.
미안, 미안.

벼락 오바마

흑인이라는 이름은 말이야
네가 생각하는 것처럼 그렇게
힘없는 패배자의 이름이 아냐!

푸념 같은
거라고?

배리!

잘난 척하지 마!
나라고 좋아서
이러는 줄 알아?

이 일이 있은 후, 오바마의 생각에 많은
혼란이 오기 시작했습니다.

오바마는 답답함을 풀기 위해 도서관을
찾았습니다. 그곳에서 유명한 학자들이 쓴
인종 문제를 다룬 책을 읽으며 세상을 이해하려고
노력했어요.

하지만 어디에도 탈출구는 보이지 않았습니다.

오직 급진적인 흑인 해방 운동가였던 맬컴 엑스의 책만이 새로운 길을 제시해 주고 있었어요.

한데 오바마에게는 맬컴 엑스의 주장에도 완전히 빠져들 수 없는 무언가가 있었습니다.

난 흑인이기도 하지만 절반은 백인이기도 해.

흑인으로서 정체성을 찾는 것도 중요하지만 날 키워 주신 어머니와 외할아버지, 외할머니의 노력을 부정하는 건 아닐까?

인종 차별을 넘어선 흑인들

하나 넬슨 만델라

넬슨 만델라(1918~2013년)는 남아프리카 공화국 최초의 흑인 대통령이자 흑인 인권 운동가입니다.

만델라는 1918년 7월 18일 트란스케이 움타타에서 템부족 족장의 아들로 태어났습니다. 그는 대학 시절 인종 차별에 반대하는 시위를 이끌다가 퇴학당한 후, 흑인들의 인권을 보장하기 위해 열심히 공부하여 변호사가 되었습니다. 남아프리카에서 백인이 아닌 사람이 법률가가 된 것은 처음이었답니다. 그리고 그곳에서 아파르트헤이트(Apartheid, 인종 분리 정책) 반대 운동에 나서는 등 본격적으로 흑인 인권 운동을 시작했습니다.

늘 시위의 중심에 있던 만델라는 사회 질서를 어지럽혔다는 이유로 수감됐습니다. 하지만 감옥에서도 그는 계속 인권 운동을 펼쳤고, 어느덧 만델라는 세계 인권 운동의 지도자가 되었습니다.

그의 활동이 널리 알려지면서 전 세계 사람들은 남아프리카 공화국에 그를 석방할 것을 요구했습니다. 그 결과 만델라는

남아프리카 공화국 전 대통령이자 노벨 평화상을 수상한 넬슨 만델라

who? 지식사전

아파르트헤이트 지역 안내판. 백인을 위한 지역이라 흑인은 들어올 수 없다고 쓰여 있습니다.

아파르트헤이트(Apartheid)

남아프리카 공화국의 아파르트헤이트(아파르트헤이트는 분리, 격리를 뜻함) 정책은 인종 문제의 상징이었습니다.

남아프리카 공화국에서는 약 16퍼센트의 백인이 84퍼센트의 비백인(非白人)을 지배해 왔습니다. 적은 수의 백인들이 자신들의 5배에 가까운 흑인을 지배하기 위한 수단으로 택한 것이 바로 강력한 인종 차별 정책인 아파르트헤이트입니다. 이 제도로 인해 흑인은 투표권을 가지지 못했고, 백인과 결혼할 수도 없었으며, 이사도 마음대로 가지 못했습니다.

1990년, 27년간의 긴 감옥 생활을 마치게 되었습니다.
감옥에서 나온 그는 흑인에게도 정치에 참여할 권리를 줄 것을
요구했고, 이후 점점 남아프리카 공화국에서 흑인 차별이
줄어들기 시작했습니다. 이러한 공로를 인정받아 넬슨
만델라는 1993년 노벨 평화상을 수상합니다.
그는 인권과 평화, 용서와 화해의 상징으로서 세계인들의
존경을 받은 지도자였습니다.

둘 오프라 윈프리

오프라 윈프리(1954년~)는 세계적인 방송인입니다.
자신의 이름을 내건 '오프라 윈프리 쇼(Oprah Winfrey
Show)'의 진행자로 20년 넘게 방송했고, 이 방송은 100여
개 나라에서 방송되며 전 세계인의 사랑을 받았습니다.
오프라 윈프리는 1954년 미시시피주에서 태어났습니다.
아버지 없이 태어난 그녀는 가족들에게 학대를 받았고 어린
나이에 임신을 하기도 했습니다. 괴로움을 견디지 못해 20대
초반에는 마약에 빠지기까지 했습니다. 하지만 그녀는 남다른
지적 호기심으로 서서히 나쁜 상황에서 벗어나기
시작했고 독서를 통해 마음을 닦았습니다. 언제,
어디서든 손에서 책을 놓지 않을 정도로 독서를
즐겼던 윈프리는 안정을 되찾고 자신의 꿈을 향해
나아가기 시작했습니다.
오늘날 오프라 윈프리는 미국에서 대통령 못지않은
힘을 가지고 있습니다. 그 이유는 그녀의 말 한마디가
사람들의 마음을 움직이기 때문입니다. 또 윈프리는
아픔을 겪는 사람들을 위한 자선 활동을 벌이고
있습니다. 미국의 유명 시사 잡지들은 윈프리를 가리켜
'20세기의 인물', '미국 최고 비즈니스 우먼', '세계 10대 여성',
'미국인이 존경하는 인물'이라 말합니다.

버락 오바마 대통령에게 자유의 메달을 받는
오프라 윈프리

오프라 윈프리 쇼의 한 장면

미국의 정치인 콜린 파월

통합 지식+ 5

<table>
</table>

셋 | 콜린 파월

콜린 파월(1937~2021년)은 흑인 최초로 미국 합동 참모본부 의장이 된 사람입니다. 합동 참모본부 의장은 그 나라의 육군, 해군, 공군을 총괄하며 군대에 대한 조언이나 작전 지휘 등을 하는 중요한 자리랍니다. 콜린 파월은 이 자리를 거쳐 외교 전반을 관장하는 국무장관까지 올랐습니다.

그는 1937년 미국 뉴욕에서 자메이카 출신 이민자의 아들로 태어났습니다. 그는 군인의 길을 택했고, 중령이었던 1970년대 후반에는 한국에서 잠시 복무한 적도 있었습니다. 그 후 레이건 대통령 시절에는 국가 안보 담당 대통령 보좌관을 지냈고, 1989년부터 1993년까지 부시와 클린턴 대통령을 보좌했습니다.

콜린 파월이 존경받는 이유는 장군이면서도 군사력을 사용하는 데에 무척 신중했기 때문입니다. 그는 군대를 내보내는 것은 외교적으로 최대한 노력을 기울인 다음 최후에 선택해야 한다는 전쟁 신중론을 주장했습니다.

그러나 만약 어쩔 수 없이 전쟁에 개입하는 상황이 발생한다면 압도적인 군사력으로 가장 빠른 시일 안에 승리를 거두기 위해 최선을 다했습니다. 이런 그의 철학을 가리켜 '파월 독트린'이라고 한답니다.

who? 지식사전

콘돌리자 라이스 장관

미국 행정부의 중심 역할을 한 흑인이 또 한 명 있습니다. 바로 콘돌리자 라이스(1954년~)입니다. 그녀는 조지 W. 부시 정부에서 콜린 파월의 뒤를 이어 두 번째 국무장관을 지낸 인물입니다. 콘돌리자 라이스는 '세계에서 가장 힘 있는 여성'이라 불리며 미국의 66대 국무장관으로서 임기 내내 인종과 성별을 넘어 활발한 활동을 벌였습니다. 그녀는 최연소이자 흑인 여성으로서는 최초로 미국 명문 대학인 스탠퍼드 대학교 부총장을 역임했으며, 여성으로서는 처음으로 국가 안보 보좌관에, 흑인으로서는 두 번째로 외교 정책부에 이름을 올린 사람이기도 합니다.

콘돌리자 라이스

넷 | 맬컴 엑스

맬컴 엑스(1925~1965년)는 미국의 흑인 인권 운동가입니다. 그는 흑인들이 누릴 수 있는 정당한 권리를 되찾기 위해 평생을 싸운 사람이랍니다.

맬컴 엑스는 옳은 주장을 받아들이게 하기 위해서라면 강경한 태도를 취해도 좋다고 생각했습니다. 그것이 어느 정도의 폭력을 동반해야 하더라도 말입니다.

그는 어머니의 배 속에서부터 폭력적이고 잔인한 흑백 인종 차별을 겪어야 했습니다. 아버지 얼 리틀 목사는 미국의 흑인들에게 선조의 땅 아프리카로 돌아가야 한다고 주장하다가 백인들에 의해 살해당했습니다. 뿐만 아니라 아버지의 형제 여섯 중 세 명은 백인에게 살해됐고, 한 사람은 백인들에게 집단 폭행을 당해 죽었습니다. 맬컴 엑스는 오랜 시간 인종 차별로 무기력해진 흑인의 정신을 일으키는 데 힘썼습니다. 흑인은 본래 넓은 아프리카 대륙의 주인이었으며 스스로를 자랑스럽고 당당하게 여길 필요가 있다고 주장했습니다. 그는 많은 흑인들의 우상이었지만 연설 중에 백인 괴한들의 테러로 사망하고 말았습니다.

흑인 인권 운동가 맬컴 엑스

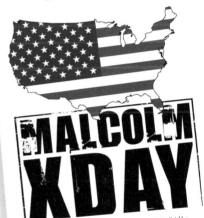
맬컴 엑스 데이를 알리는 포스터. 미국에서는 5월 19일을 '맬컴 엑스의 날'로 정해 기념하고 있습니다.

마틴 루서 킹 목사

맬컴 엑스와 비슷한 시기에 같은 일을 한 사람으로 마틴 루서 킹(1929~1968년)이 있습니다. 목사였던 마틴 루서 킹은 미국 흑인 인권 운동에 평생을 바쳤습니다. 그런데 맬컴 엑스와 마틴 루서 킹 둘 다 흑인 인권 운동을 했지만 방식은 정반대였습니다. 마틴 루서 킹은 폭력을 사용하지 않는 인권 운동을 주장했습니다. 특히 인종 차별을 하는 버스를 타지 않음으로서 자유롭게 버스를 탈 권리를 쟁취한 '몽고메리 승차 거부 운동'은 인권 운동 역사에 길이 남았습니다. 마틴 루서 킹은 그간의 공로를 인정 받아 1964년에 노벨 평화상을 받았습니다. 그러나 마틴 루서 킹 역시 백인들에게 암살당하고 말았답니다.

마틴 루서 킹

6 사회에 눈뜨다

드디어 고등학교의 마지막 학년이 되었습니다.
오바마의 혼란과 고민은 점점 깊어졌습니다.
'나는 누구인가?'라는 물음에 대한 답은
어디에도 없었습니다.

밤은 아름답다.
그래서 내 동포의
얼굴도 아름답다.

풀리지 않는 고민을 안고 괴로워하던
오바마는 결국 방황의 길을 걷게 됩니다.

대학에 들어가기 위해 학업에 열중해야 할
중요한 시기에 오바마는 공부를 멀리한 채
친구들과 어울려 다녔습니다.

별은 아름답다.
그래서 내 동포의 눈동자도
아름답다.

또한
아름다운 것은
태양!

*헤로인: 마약의 일종

아무리 나락으로 떨어진 생활을 한다 해도 이것만은 안 돼!

저리 비켜!

배리!

이건 아냐! 내가 가고자 하는 길은 이게 아니라고!

오바마는 갈림길에 서 있었습니다. 모든 것을 포기하고 불량 청소년이 되어 미래를 포기하느냐,

으아아아!

아니면 자신을 단련하여 세상을 헤쳐 나가느냐 하는 것이었어요.

이 위태로운 방황을 끝낼 수 있게 붙잡아 준 사람은 바로 어머니였습니다.

요즘 배리에 대해 들려오는 소식이 우울한 이야기밖에 없구나.

아무래도 하와이로 돌아가 봐야겠어.

아니?

앤!

마야!

연락을 하고 왔으면
마중 나갔을 텐데.

배리가 어떻게 지내나
보려고 그냥 왔어요.

엄마! 어, 언제
오셨어요?

배리!

배리! 어린 시절에
꿈꾸던 네 미래는
포기한 거니?

그게 무슨
말씀이세요?

네 친한 친구 가운데
한 명이 마약을 가지고
있다가 체포되었다는구나.

네?

저는 그런 어리석은 행동은 절대 하지 않아요.

그럼 왜 더 나은 결정을 하지 않는 거냐?

성적은 점점 떨어지는 데다 지금까지 어느 대학에도 원서를 내지 않았잖니?

그, 그건······.

그렇다고 해서 퇴학당할 정도는 아니잖아요.

뭐라고?

조금만 노력하면 넌 미국의 어떤 대학에도 갈 수가 있어. 그런데 왜 자꾸만 머뭇거리는 거야?

하와이에 있는 대학에 다니면서 아르바이트를 할 생각이에요.

오바마가 졸업반이었던 1979년, 그가 속한 농구팀은 우승을 차지했습니다.

아버지가 선물해준 농구공은 오바마의 삶에 많은 변화를 가져다주었어요.

농구는 혼란에서 벗어나는 데도 도움을 주었고,

더 이상 낯선 이방인이 아니라 어딘가에 속해 있다는 느낌을 갖게 해 주었습니다.

고등학교를 마친 오바마는 1980년 로스앤젤레스 남부에 있는 옥시덴탈 대학에 입학합니다.

혁!

그래서 일부러
덩치가 큰 녀석들을
불렀다고.

애, 애들아.
잠깐만!

후! 짧은
연설인데도 꽤
긴장되네?

그런데
이 연설이
정말 효과가
있을까?

미국의 정치

미국의 국기, 성조기

미국의 수도 워싱턴 D.C.

미국의 정부 구조

미국은 하나의 연방 정부와 50개의 주 정부로 구성된 연방 공화국입니다. 미국의 국기인 성조기에 그려진 50개의 별은 50개의 주를 의미합니다.

미국을 구성하는 각 주는 우리나라의 시, 도와는 달리 하나의 나라처럼 완전히 독립되어 있습니다. 그렇기에 각 주는 주체적으로 법을 정하고 주권을 행사한답니다. 그래서 각 주를 하나의 정부로 인정한다는 의미로 '주 정부'라 부릅니다.

이런 각각의 주 정부를 하나로 모으는 역할을 하는 것이 '중앙 정부'입니다. 수도 워싱턴 D.C.를 중심으로 하는 중앙 정부는 50개의 주 정부와 긴밀한 연락망을 이루고 있습니다.

중앙 정부의 역할과 각 주 정부의 역할은 각각 다릅니다. 국방, 외교, 화폐 조절, 대외 무역, 최고 법 집행, 주 정부 간의 문제 조정, 이민 등은 중앙 정부의 역할입니다. 주 정부는 교육, 농업, 자연보호, 고속도로 관리, 차량 감독, 공공질서 유지, 교육, 보건, 복지 정책 시행 등의 일을 합니다.

who? 지식사전

미국 연방 대법원 청사 ⓒ UpstateNYer

힘을 셋으로 나누다, 삼권 분립

미국의 헌법은 국가의 권력을 행정부, 입법부, 사법부 세 곳으로 나누어 놓았습니다. 그렇게 분리시켜 놓은 까닭은 한쪽으로 힘이 치우치면 공평한 정치가 행해질 수 없기 때문입니다.

행정(대통령), 입법(국회), 사법(재판소)은 서로를 견제하면서 힘의 균형을 유지하는데, 이것을 '삼권 분립'이라고 합니다. 우리나라도 이 제도를 택하고 있답니다.

둘 미국의 의회 정치

미국 의회는 '상원'과 '하원'이라 하는 두 개의 국회 의원 단체로 이루어져 있습니다. 이러한 두 개의 의회로 이루어진 체제를 '양원제'라고 합니다. 반면 우리나라의 국회는 미국과 같이 두 개로 되어 있지 않고 하나로 되어 있는데, 이를 '단원제'라고 합니다.

미국의 의회에서는 세금 부과 및 징수, 무역 통제, 화폐 주조, 전쟁 선포, 군대 편성 및 유지, 법률 제정 등의 일을 합니다. 이런 업무들을 할 때 상원과 하원은 동등한 역할을 맡고 있습니다. 나라를 유지하기 위해 필요한 중요한 역할을 공유하고 있기 때문에 상원과 하원 간의 조화와 협조가 필요하답니다.

미국 의회 의사당 서쪽. 미국 상·하원이 이곳에 있습니다.

셋 미국 국회 의원 선거

미국의 국회 의원인 상원 의원과 하원 의원은 선출되는 방식이 다릅니다.

상원 의원은 국민이 직접 뽑고, 각 주마다 2명씩 선출됩니다. 인구가 많든 적든 상관없습니다. 상원 의원의 임기는 6년이지만 선거는 2년에 한 번씩 실시합니다. 한 번 선거를 할 때마다 전체 상원 의원의 3분의 1씩 뽑습니다.

하원 의원은 각 주의 인구 비례에 따라 의원 수가 결정됩니다. 그래서 인구가 많은 주는 하원 의원의 수가 많고, 적은 주는 하원 의원의 수가 적습니다. 하원 의원의 임기는 2년이고 상원과 마찬가지로 국민이 직접 뽑는답니다.

의회에서 연설하는 오바마 대통령

상원 의원과 하원 의원을 구분한다고 해서 상원이 더 높은 위치는 아닙니다. 상원과 하원의 성격이 다르게 구성되어 있어 서로가 상대의 모자란 부분을 메워 주고 있습니다. 국가를 위해서는 상원, 하원 모두 똑같이 중요한 존재입니다.

상원을 상징하는 마크

하원을 상징하는 마크

넷   법이 만들어지기까지

국회 의원들은 국민들에게 환영받을 수 있는 법을 만들기 위해 바쁘게 움직이고 있습니다. 양원제를 택하고 있는 미국에서는 상원과 하원이 서로 더 좋은 법안을 통과시키기 위해 치열하게 토론합니다.

의회가 시작되면 국회 의원들은 각자 생각하고 있던 법을 구체적으로 내놓습니다. 그리고 상원 의원들은 상원 의원들끼리, 하원 의원들은 하원 의원들끼리 모여 자신들의 의견을 대표할 수 있는 법안을 만들어 냅니다.

그다음 상원과 하원은 서로의 법안을 바꿔서 검토한 후, 법안의 잘못된 점이나 수정할 점을 찾아 바꿀 것을 요구합니다. 자신들의 법안을 되돌려 받은 상원과 하원은 그 의견을 보고 수긍할 수 있는 부분과 그렇지 못한 부분을 가려내 법안을 정리합니다.

그리고 다시 한번 최종적으로 서로의 법안을 바꿔 검토한 후에 백악관의 승인을 거쳐 법을 만듭니다.

who? 지식사전

국회 의원들이 모여 법을 만드는
국회 의사당 ©frakorea

우리나라의 국회 의원

- 후보 자격: 만 25세 이상 대한민국 국민. 성별이나 학력 제한은 없습니다.
- 선출 방법: 국민이 직접 선거를 통해 선출하며, 선거는 보통, 평등, 직접, 비밀 선거 원칙에 따라 실시됩니다.
- 임기: 4년, 중임제. 4년의 임기가 끝나면 다시 선거에 출마할 수 있습니다.
- 구성: 지역구 의원, 비례 대표 의원. 지역구 의원은 국민들이 직접 자신의 지역을 대표할 사람으로 뽑은 국회 의원을 말하고, 비례 대표 의원은 정당의 추천을 받아 의회에 진출하는 국회 의원을 뜻합니다.
- 의무: 다른 직업을 가질 수 없습니다. 또한 자신의 지위를 이용하여 부정을 저질러서는 안 되고, 청렴한 생활을 해야 합니다. 제일 중요한 것은 개인 혹은 정당의 이익보다는 국익을 우선으로 하여 법을 만들어야 합니다.

다섯 문제를 해결하는 위원회

미국 의회가 가지고 있는 또 하나의 특징은 여러 가지
문제를 효율적으로 검토하기 위해 위원회 제도를
발전시켰다는 점입니다. 상원과 하원은 각각 논의의
주제에 따라 많은 위원회를 두고 있습니다. 공통된
관심사를 다룰 때는 공동으로 위원회를 구성하기도
합니다.
또한 상원과 하원이 동시에 승인하지 않으면 의회의 어떤
조치도 효력을 가질 수 없기 때문에 서로 다른 의견들을
조정하기 위해 양원 협의회가 구성되기도 한답니다.

의회의 시작을 알리는 모습

여섯 미국 민주주의의 바탕이 되는 양원제

상원과 하원으로 구성된 양원제는 미국 정치가
선진화되는 발판이 되었습니다. 특히 서로를 견제하며
활발히 토론하는 의회 문화는 미국 사회에도 큰 영향을
끼쳤답니다. 합리적인 대화와 토론, 관용과 타협의
자세는 미국인의 일상에서 매우 중요한 부분입니다.

대화와 토론이 생활화된 미국 사람들

미국 국회 들여다보기

상원 회의장의 모습

미국 의회 의사당 안에 있는 하원 회의장

7 뿌리를 찾는 여행

오바마는 2년간 다니던 옥시덴탈 대학을 떠나 뉴욕에 있는 컬럼비아 대학으로 옮겨 갑니다.

이때부터 오바마는 나쁜 습관과 흐트러진 생활에서 벗어나기 위해 새로운 생활을 시작했습니다. 일요일에는 금식을 하고 매일 하루 4.5킬로미터씩 달리기를 했습니다.

스스로 학비를 벌기 위해 아르바이트도 하고 공부도 몇 배로 하며 열심히 생활했어요.

사랑하는 아들아!
졸업한 뒤에 케냐를 찾아오겠다고 한 네 말에
벌써부터 가슴이 뛰는구나.

네가 케냐에 와서
오래 머물렀으면 좋겠구나.

하지만 그러지 않는다 해도
실망하지 않으마.
네가 네 민족을 알고
속한 곳이 어디인지만 알면
어떤 선택을 하든 난 괜찮단다.

어머니와 마야가 돌아가고 몇 달 후 오바마는 케냐에 사시는 고모에게서 한 통의 전화를 받게 됩니다.

버락, 네 아버지가 교통사고로 돌아가셨단다.

아버지가요?

갑작스런 아버지의 사망 소식에 오바마는 가슴이 무너지는 것 같았습니다. 하지만 슬픔에 잠겨 주저앉지는 않았습니다.

……

오바마는 아버지와 지냈던 짧은 날들을 돌아보았습니다. 그러자 돌아가신 아버지가 오히려 더 가깝게 느껴졌어요.

아버지를 잃은 슬픔은 오바마를
더욱 강하게 만들었습니다.
아버지가 못다 이룬 꿈까지 자신이
이루겠다는 각오로 공부도 더욱
열심히 하게 되었습니다.

반인종 차별 시위와 같은 흑인 학생 단체
활동에도 정기적으로 참여하고

피부색이나 돈의 많고 적음에 따라 차별당하지 않는
이상적인 사회를 만들기 위해 적극적으로 나섰습니다.

그리고 1983년, 대학 졸업을 몇 달 앞두고
지역 사회 운동가가 되기로 결심합니다.

모두가 잘살 수 있는
세상을 만드는 데
힘을 보태고 싶어.

그런데 여러 시민 단체에 편지를 보냈지만 답장을 해 주는 곳이 없었어요.

......

자신을 받아 주는 곳이 없다는 생각에 실망하고 지쳐갈 무렵, 오바마는 드디어 시카고에서 활동하는 사회 운동가 카우프먼이라는 사람에게서 같이 일하자는 제안을 받게 됩니다.

한번 만나고 싶습니다.

시카고에 대해 얼마나 알고 계시죠?

미국에서 인종 차별이 가장 심한 도시라고 알고 있습니다.

그렇습니다.

우리는 차별받고 있는 흑인들의 권리를 찾기 위해 노력할 것입니다.

오바마는 아우마 누나와 함께 할아버지와 아버지의 묘소가 있는 키슈무에 찾아갑니다.

여기가 할아버지와 아버지의 무덤이야.

아버지.

으흐흑!

털썩

오바마는 그렇게 오랫동안 무덤 앞에 앉아 울었습니다.

이제 알았어요. 제가 그동안 느낀 절망과 분노를 아버지도 느끼셨단 걸.

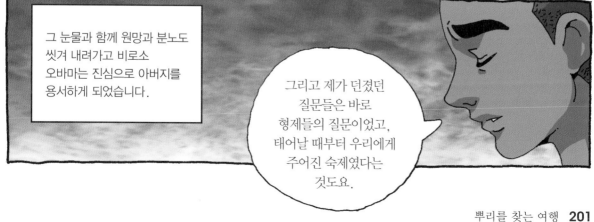

그 눈물과 함께 원망과 분노도 씻겨 내려가고 비로소 오바마는 진심으로 아버지를 용서하게 되었습니다.

그리고 제가 던졌던 질문들은 바로 형제들의 질문이었고, 태어날 때부터 우리에게 주어진 숙제였다는 것도요.

미국의 대통령 선거

미국의 내통령에게는 우리나라와 같이 행정부 최고 권력이 주어집니다. 그러나 대통령 선거 방식에 있어서는 차이가 있습니다.

우리나라는 선거권을 가진 모든 국민이 직접 선거를 해서 뽑지만, 미국은 '선거인단'이라는 사람들이 국민을 대표해서 대통령을 선출합니다.

미국의 선거인단은 대통령 및 부통령을 뽑는 공식적인 단체입니다. 선거인단은 각 주에서 인구에 비례해 선출하며 이들의 과반수 이상의 지지를 받아야 대통령에 당선될 수 있습니다.

미국의 대통령은 4년의 임기를 갖습니다. 그리고 4년이 지나면 다시 한번 대통령 선거에 출마할 수 있습니다. 5년의 임기로 단 한 번만 대통령 자리에 오를 수 있는 우리나라 대통령제와는 좀 다릅니다. 미국의 대통령제를 '4년 중임제'라 하고, 우리나라의 대통령제를 '5년 단임제'라고 부릅니다.

미국 워싱턴 D.C.에 위치한 백악관 ⓒ UpstateNYer

who? 지식사전

영국의 고든 브라운 총리와 미국의 오바마 대통령. 다른 나라와의 외교적인 문제를 해결하는 것도 대통령의 중요한 임무입니다.

대통령이 할 수 있는 일, 할 수 없는 일

미국의 대통령은 국가 원수, 군의 최고 사령관, 조약 체결권자로서 임무를 수행합니다. 중앙 행정부의 대표로서 법률의 제안, 대외 정책 계획 등의 권한도 가집니다. 법률에 관해서는 상원과 하원을 통과한 법안을 승인할 권한, 중앙 행정부의 장관과 차관을 임명할 권한, 연방 판사를 임명할 권한 등을 가져요. 그러나 대통령이 절대 가질 수 없는 권한이 있습니다. 그건 바로 법을 만드는 입법권입니다. 입법권은 상원 의원과 하원 의원에게 있으며, 대통령은 법안을 제출할 수 없고 의회를 해산할 권리도 없습니다. 미국에서는 이런 제도를 이용해서 대통령 한 사람에게만 모든 권력이 집중되는 것을 막고 있습니다.

하나   두 개의 정당이 활동하는 양당제

양당제란 세력이 비슷한 두 개의 정당이 선거를 통해 정치를 행하는 정치 체제를 뜻합니다.

미국에는 민주당과 공화당이라는 두 개의 정당이 정치를 맡아 하고 있습니다. 이들은 선거를 통해 집권하는데, 선거에서 승리한 당을 '집권당'이라 합니다. 양당제의 장점은 국민들의 선택이 두 개의 당으로 한정되어 있어 정권 담당자를 정하기 쉽다는 것입니다. 반면에 단점은 집권당이 장기 집권을 할 수도 있다는 점과 선택의 폭이 좁다는 것입니다.

우리나라의 경우는 각기 다른 이념을 가진 정당이 세 개 이상입니다. 여러 개의 당이 정당 활동을 하는 우리나라의 정치 형태를 '다당제'라고 합니다.

민주당의 대표적인 정치인인 미국 제32대 대통령 프랭클린 루즈벨트는 뉴딜 정책을 통해 대공황을 이겨 냈습니다.

둘   민주당

민주당은 미국의 두 정당 중 진보적인 성향을 가진 정당입니다. 진보적이라는 것은 정치, 경제, 사회 등 체제의 개혁을 추구하는 것을 말합니다. 민주당은 전통적으로 사회적 약자에 속하는 농민, 북부 도시 유권자, 노동조합, 흑인을 비롯한 소수 민족, 자유주의자, 지식인, 개혁가 등을 지지 세력으로 가지고 있습니다. 오바마 대통령은 민주당 소속이랍니다.

셋   공화당

공화당은 민주당과 반대 성향을 가지고 있습니다. 종교나 문화, 정치, 경제 등 사회 전반에 걸쳐 기존의 가치관을 유지하려는 보수주의 입장을 취하고 있습니다. 공화당은 18명의 미국 대통령을 배출했으며, 1950년부터 약 40년간 미국 정치를 지배한 정당입니다.

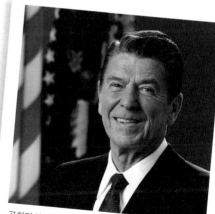

공화당의 대표적인 정치인이자 미국 제40대 대통령이었던 로널드 레이건은 미국인이 사랑하는 대통령 3위로 뽑히기도 했습니다.

대통령 후보 시절 연설하고 있는 오바마

넷 　 **미국 대선 과정**

앞에서 말한 것처럼 우리나라는 대통령을 국민이 직접
뽑지만, 미국은 국민이 뽑은 대통령 선거인단이 대신 선거를
합니다. 전자를 '직접 선거', 후자를 '간접 선거'라고 하지요.
사실 국민이 직접 대통령을 뽑는 것이 민주주의의 원칙에
가장 가까운 방법입니다. 그런데 미국은 영토가 너무 넓어서
투표를 하는 데 며칠씩 걸리고, 각 도시 간에 시차도 있어 모든
국민이 동시에 선거를 하기는 어렵기 때문에 간접 선거를 택한
것이랍니다.
미국 대통령 선거는 4년마다 11월 첫째 월요일이 속한 주의
화요일에 시행돼요. 그리고 대통령 선거를 2년 앞둔 시점부터
후보 지명을 위한 경쟁이 시작됩니다.
그럼, 미국에서 대통령 선거가 이루어지는 과정을 살펴봅시다.

프라이머리와 코커스: 대통령 후보를 지명할 대의원을 선출하는
과정입니다. 각 당에서 대통령 후보를 지명할 수 있는 권한을
가진 것은 대의원입니다. 이 대의원을 선출하는 방법은 일반
유권자들이 참여하는 프라이머리와 당의 임원들이 참여하는

who? 지식사전

직접 선거를 하고 있는 대한민국 국민

우리나라의 대통령 선거

우리나라는 투표권을 가진 국민들이 직접 대통령을 뽑습니다. 투표권은 만 19세가
넘은 대한민국의 국민이라면 누구나 가질 수 있습니다. 이렇게 투표권을 가진
사람들을 '유권자'라고 합니다.
대통령 후보들은 유권자들의 마음을 얻기 위해 사람들이 많이 모이는 곳을
찾아다니며 자신을 홍보하고 공약을 설명합니다.
선거 날이 되면 유권자들은 자신과 같은 생각을 가진 후보에게 소중한 한 표를
행사합니다.

코커스가 있습니다. 프라이머리에서 대의원의 75%가, 코커스에서 나머지 25%가 선출된답니다.

전국 전당 대회: 프라이머리와 코커스에서 뽑힌 대의원들은 7~8월에 열리는 전당 대회에 참석하여 대통령 후보를 선출합니다. 각 주에서 뽑힌 대의원은 제각기 당 대회 개최지에 모여 자신이 속한 당을 홍보하는 전당 대회를 연답니다.

전당 대회에서 오바마를 지지하는 사람들의 모습

대통령 선출: 일반 국민들은 후보에게 직접 투표하지 않습니다. 자신을 대신해 투표할 선거인단을 뽑습니다. 선거인단 후보로 출마한 사람들은 자신이 어떤 정당을 지지하는지 미리 밝히기 때문에 국민들은 자신과 의견이 일치하는 선거인단을 뽑을 수 있습니다.
이렇게 뽑힌 선거인단은 각 주의 주도에 모여서 대통령 후보에게 투표합니다. 자신을 뽑아 준 국민들의 의견을 반영해서 소중한 한 표를 행사하는 것이랍니다.
선거인단은 각 주의 인구에 비례해서 선출됩니다. 미국 전체의 선거인단은 538명인데, 과반수인 270명 이상의 지지를 받는 후보가 대통령에 당선됩니다.

대통령 후보와 부통령 후보를 홍보하는 그림. 미국의 대통령 후보는 자신과 함께 일할 부통령을 선거 전에 미리 결정한답니다.

대통령 선거 과정

① 선거일을 정한다.
② 선거권은 선거일을 기준으로 만 19세 이상의 국민이 가진다.
③ 예비 후보자 등록은 선거일을 기준으로 240일 전에 한다.
④ 언론 기관 대선 후보자 초청 대담 토론회는 보통 선거일 120일 전에 한다.
⑤ 대통령 선거 후보자를 등록한다.
⑥ 본격적인 선거 운동을 시작하고, TV 토론회를 진행한다.
⑦ 대통령 선거 및 개표를 한다.

대선 후보 TV 합동 토론회의 모습

8 담대한 꿈, 위대한 성취

케냐에서 돌아온 후,
오바마는 새로운 도전을 합니다.
법을 공부하기 위해
하버드 로스쿨에 입학한
것이었어요.

힘들고 어려운
이웃들을 위해 제대로
일하기 위해서는 법을
잘 알아야겠지.

그리고 일 년이 지나 오바마는 학비를 벌기
위해 시카고의 한 법률 회사에서 변호사로
일하게 되었습니다.

이곳에서 오바마는 인생의 반려자가 되는
미셸 로빈슨이라는 여인을 만나게 됩니다.

이럴 땐
어떻게 하지?

〈하버드 로 리뷰〉의 편집장이 된 것은 미국을 대표하는 지식인에 속하게 되었음을 의미하는 것이었습니다.

〈하버드 로 리뷰〉의 편집장 역할을 충실히 마친 오바마는 1991년, 하버드 로스쿨을 수석으로 졸업합니다.

졸업 후, 유명한 법률 회사에서 높은 월급을 주겠다며 같이 일할 것을 제의했지만,

오바마는 형편이 어려운 사람들의 변호를 주로 맡는 '마이너, 반힐 앤 갤런드'라는 작은 회사를 택하여 변호사 생활을 시작했습니다.

가치 있는 일을 하여 세상에 꼭
필요한 사람이 되겠다는 오바마의
꿈 때문이었습니다.

그리고 그것은 아버지 버락 오바마
시니어가 이루지 못한 꿈이기도
했습니다.

1992년 10월 18일,
마침내 오바마는 사랑하는 연인
미셸 로빈슨과 결혼합니다.

그 꿈이 버거워 중간에 포기할 수도 있겠지.

하지만 세상에 가치 있는 유익한 사람이 되겠다는 마음만은 절대 잊지 말아라.

네, 엄마.

1996년, 오바마의 삶에 새로운 변화가 찾아옵니다.

주변 사람들의 추천으로 일리노이주 의회의 의원에 출마하게 된 것입니다.

젊은이다운 패기로 도전한 오바마는 다른 후보들보다 몇 배로 노력한 끝에 일리노이주 민주당 *상원 의원에 당선됩니다.

*상원 의원: 미국 각 주에서 2명씩 뽑아 의회에서 의사 결정을 하는 의원

이 연설로 오바마는 미국 국민들에게 깊은 인상을 남기며 주목받는 젊은 정치인으로 떠올랐습니다.

그것은 겁내지 않고 자신 있게 도전하는 사람들에게서만 찾을 수 있는 담대한 희망입니다.

2005년에 오바마는 민주당 연방 상원 의원으로 *연방 정치에 진출합니다.

오랫동안 잊고 있었던 미국의 도전 정신을 일깨워 주었어.

오바마 저 친구 대단한 인물이야.

그리고 2008년에는 민주당 대선 후보로 미국 대통령 선거에 출마하게 되었습니다.

우리는 이번 선거에서 승리하여 역사를 바꾸고, 나아가 미국과 세계의 상처를 치유할 것입니다.

와 아 아 아

*연방 정치: 각 주가 한 나라의 역할을 하는 미국에서 각 주의 대표가 모여 나라 전체의 일을 결정하는 큰 범위의 정치 활동

대통령 오바마는 새로운 시련과 극복이라는 무거운 과제를
물려받았습니다. 위기에 빠진 미국의 경제를 살리고
인종에 대한 편견과 지역의 갈등, 이념과 종교의 분쟁을
뛰어넘는 대화합의 시대를 열어 나가야 하는 막중한 임무
앞에 놓인 것이었습니다.
많은 우려 속에서도 그는 전 세계적 평화를 추구하는 외교 정책을
펼치고 내국민을 위한 다양한 복지 정책을 추진해 나갔습니다.
그런 오바마에게 미국 국민들 역시 깊은 신뢰를 보냈고,
그 결과 그는 2012년 재선에 성공할 수 있었습니다.

인종 차별과 정체성의 혼란 속에
힘겨운 어린 시절을 보냈던 오바마.
하지만 꿈을 잃지 않았던 그는 미국 최초의
흑인 대통령이자 존경받는 정치 리더로
역사 속에 기억될 것입니다.

who?와 함께라면 미래가 보인다

어린이
진로 탐색

대통령

어린이 친구들 안녕?
버락 오바마 이야기 재미있게 읽었나요?

그렇다면 이제부터
버락 오바마가 꿈을 키워 가는 과정을 함께 되짚어 보며
그가 활동한 분야와 그 분야에 속한 다양한 직업에 대해
살펴봐요!

또한 여러분에게는 어떤 장점과 적성, 가능성이
숨어 있는지 찾아보면서
그것을 어떻게 진로와 연결시킬 수 있는지에 대해서도
알아봅시다!

그럼 지금부터
여러분이 멋진 꿈을 향해 나아갈 수 있도록 도와줄
진로 탐색을 시작해 볼까요?

자기 이해부터
진로 체험까지,
다양한 진로 탐색
활동을 시작해 봐요!

내가 가족으로부터 받은 영향은?

버락 오바마는 케냐인 아버지와 미국인 어머니 사이에서 태어났습니다. 케냐는 아프리카에 있는 나라로, 국민 대부분이 흑인입니다. 그에 비해 미국은 다양한 민족이 섞여 살아가는 곳으로 백인이 아닌 인종들에 대한 차별이 존재했습니다. 그래서 오바마는 인종 차별 문제에 많은 관심을 가지게 되었고, 인종 차별을 없애기 위한 활동을 하게 되었습니다.

여러분의 가족은 어떤 특징을 가지고 있나요? 그리고 그러한 특징으로부터 어떤 영향을 받았는지 적어 보세요.

나의 가족 중 (   )의 특징 :

이러한 특징에서 영향을 받은 점 :

대통령에 어울리는
나의 장점은?

'버락 오바마'하면 사람들은 미국 최초의 흑인 대통령, 젊은 대통령, 진보적인 대통령, 연설을 잘하는 대통령을 떠올립니다. 하지만 오바마가 처음부터 사람들의 주목을 받았던 것은 아닙니다. 그도 한때는 자신의 현실에 혼란스러워하며 방황하기도 했습니다.

그랬던 오바마가 대통령이 될 수 있었던 비결들을 확인해 보고, 나에게도 대통령에 어울리는 능력과 재능이 있는지 찾아보세요.

오바마가 대통령이 된 비결

- 단호함을 가지고 결정을 추진한다.
- 집념을 가지고 끝까지 도전한다.
- 스스로 나를 알린다.
- 새로운 것을 두려워하지 않는다.
- 언제 어디서나 리더십을 발휘한다.
- 멀리 보는 눈을 가진다.
- 지혜를 가진다.

나의 능력과 재능

우리나라와 미국 대통령 선거의 차이점은?

대통령제는 대통령 한 명을 중심으로 운영되는 정부 형태입니다. 우리나라와 미국은 똑같이 대통령제를 채택한 나라입니다. 국민이 선거를 통해 대통령을 뽑지요. 하지만 선거 방식에서 서로 다른 부분이 있습니다. 우리나라의 대통령 선거와 미국의 대통령 선거는 어떻게 다른지 조사하여 비교해 보세요.

	우리나라의 대통령 선거	미국의 대통령 선거
몇 년마다 선거가 열리나요?		
현재의 대통령이 또 출마할 수 있나요?		
*선거인단 제도가 있나요?		

*선거인단: 대통령 등을 선거하는 경우에 그 선거권을 소유한 선거인들로 이루어진 단체

진로
탐색
STEP 4

대통령이 속한 정당은?

정당은 정치적으로 뜻을 같이 하는 사람들이 모인 집단이에요. 선거 때, 정당은 각자 후보를 내고 국민의 선택을 받기 위해 노력합니다.

버락 오바마가 속한 정당은 민주당이에요. 민주당은 진보적인 성향을 가진 정당으로, 개혁을 추진하고 약자를 보호하는 것을 중요하게 여깁니다.

우리나라의 대통령도 정당에 소속되어 있습니다. 현재 우리나라 대통령이 속한 정당의 이름은 무엇이고, 어떤 특징을 가지고 있는지 알아보세요.

┌───┐

╭┈┈┈┈┈┈┈┈┈┈┈┈┈╮
┊ **우리나라의 대통령** ┊
╰┈┈┈┈┈┈┈┈┈┈┈┈┈╯

사진을 붙여 보세요.

이름: ┈┈┈┈┈┈┈┈┈┈┈┈┈┈

소속 정당: ┈┈┈┈┈┈┈┈┈┈┈┈

└───┘

대통령이 속한 정당의 대표는 ┈┈┈┈┈┈┈┈┈┈┈┈┈┈┈┈┈┈ 입니다.

그 정당의 국회 의석 수는 ┈┈┈┈┈┈┈┈┈┈┈┈┈┈┈┈┈┈┈ 입니다.

나의 공약은?

언젠가 대통령 선거에 나가 많은 사람들 앞에서 지지를 호소하는 내 모습을 상상해 보세요. 다양한 방법으로 나라를 더 좋게 만들겠다고 약속하겠지요. 이렇게 선거에 나선 후보자가 하는 약속을 공약이라고 해요. 여러분이 대통령 선거에 출마한다면 어떤 공약을 하고 싶은지 적어 보세요.

교육에 대한 공약

• 시험을 1년에 한 번만 보게 한다.

(　　)에 대한 공약

(　　)에 대한 공약

(　　)에 대한 공약

청와대 사랑채 견학하기

청와대 사랑채는 그동안
우리나라를 이끌어 온 여러
대통령들과 우리나라의 전통문화를
홍보하기 위해 만들어진 곳으로,
서울시 종로구에 위치하고 있습니다.
근처에 있는 청와대는 대통령이 살고
있는 곳입니다.

청와대 사랑채 전경 ⓒ 코리아넷

청와대 사랑채는 지하 1층, 지상 2층 규모에 한국문화관광전시실, 기획전시실,
청와대관, 행복누리관 으로 구성되어 있습니다. 이중 청와대관에는 청와대의
역사와 역대 대통령들이 남긴 물건 등이 전시되어 있습니다. 또한 대통령이 일하는
방이 실제와 같은 모습으로
재현되어 있답니다.
청와대 사랑채에서는
초등학생을 대상으로 매주
토요일마다 청와대 사랑채
내부를 돌아보고 청와대
모형을 만들어 보는
'나는 미래의 대통령'이라는
프로그램을 운영하고
있습니다.

청와대관에 있는 역대 대통령이 받은 선물과 유품들 ⓒ Republic of Korea

청와대 사랑채에서 우리 역사 속 대통령들을 만나 보고, 대통령의 꿈을 키워 보세요.

청와대 사랑채 관람 안내

* **개관 시간:** 09:00~18:00(입장은 17시 30분까지)
  1월 1일과 매주 월요일은 휴관입니다.
* **주소:** 서울시 종로구 효자로 13길 45

연표

버락 오바마

1961년	8월 4일, 미국 하와이주 호놀룰루에서 태어납니다.
1966년 5세	인도네시아 자카르타로 이민을 갑니다.
1971년 10세	하와이로 돌아와 조부모님과 함께 지냅니다.
1979년 18세	사립 대학 예비 학교 푸나호우 학교를 졸업합니다. 옥시덴탈 대학교에 입학합니다.
1981년 20세	콜롬비아 대학교에 편입하여 국제 관계를 주 전공으로 정치 과학을 공부합니다.
1983년 22세	문학 학사 학위를 받습니다.
1985년 24세	지역 사회 운동가로 일하기 시작합니다.
1988년 27세	케냐를 여행하며 아버지의 가족들을 만납니다. 하버드 대학교 법학 대학원에 입학하여 하버드 로 스쿨에서 발행하는 학술지 〈하버드 로 리뷰〉의 편집자로 선발됩니다.
1989년 28세	흑인 최초로 〈하버드 로 리뷰〉의 편집장이 됩니다. 로펌의 부 변호사로 일하기 시작합니다.
1991년 30세	우수한 성적으로 하버드 대학교 로스쿨의 법학 박사 학위를 받습니다.
1992년 31세	시카고 대학교 법학 대학원에서 헌법학을 가르칩니다.
1993년 32세	지도자가 될 '40대 이하 40인' 가운데 한 명으로 뽑힙니다.

1995년	34세	개인 회고록《내 아버지로부터의 꿈》이 출간됩니다.
		어머니가 난소암으로 사망합니다.
1996년	35세	일리노이주의 상원 의원으로 선출됩니다.
2000년	39세	미국 하원 후보 경선에 도전했다가 실패합니다.
2004년	43세	민주당 전당 대회에서 기조 연설을 하여 전국적인
		관심을 받습니다.
		미국 상원 의원으로 선출됩니다. 이로써 미국
		역사상 다섯 번째로 상원 의원을 지낸 아프리카계
		미국인이 되었습니다.
2007년	46세	2월, 대통령 선거에 출마합니다.
2008년	47세	6월, 민주당 대통령 후보 예비 선거에서 힐러리
		클린턴과 치열한 경쟁을 벌인 끝에 대선 후보로
		지명됩니다.
		11월, 제44대 미국 대통령에 당선됩니다.
2009년	48세	1월 20일, 미국 대통령 임기를 시작하였습니다.
		노벨 평화상을 수상합니다.
2012년	51세	11월, 대통령 선거에서 재선에 성공합니다.
2017년	56세	퇴임 후 가족들과 휴식을 즐기며 책을 집필하고
		있습니다.

찾아보기

ㄱ
공화당 **203**

ㄴ
나이로비 **119**
넬슨 만델라 **148**
노벨 평화상 **29**
님비 **84**

ㄷ
단원제 **183**
담대한 희망 **217**

ㄹ
루오족 **93**

ㅁ
마틴 루서 킹 **151**
맬컴 엑스 **144, 151**
미국 국회 **185**
미국 대선 **204**
민주당 **203**

ㅂ
버락 오바마 시니어 **16**

ㅅ
삼권 분립 **182**
상원 **183**
스탠리 앤 던햄 **15**

ㅇ
아파르트헤이트 **148**
양당제 **203**
양원제 **183, 185**
연방 정부 **182**
열대 우림 **119**
오프라 윈프리 **149**

옥시덴탈 대학 **162**
와이키키 **59**
우갈리 **120**
인도네시아 **60**
인종 차별 **84**
인종의 용광로 **82**

ㅈ
자유의 여신상 **82**
자카르타 **19, 61**
적도 기후 **119**
지역 사회 운동 **192**

ㅋ
케냐 **111, 115, 118**
콘돌리자 라이스 **150**
콜린 파월 **150**
쿠 클럭스 클랜 **85**
쿤 **130**

ㅌ
투자 철회 운동 **169**

ㅍ
푸나호우 학교 **63**

ㅎ
〈하버드 로 리뷰〉 **27, 211**
하와이 **58**
하원 **183**
한인 타운 **83**
호놀룰루 **58**
훌라 **59**
흑인 폭동 **84**

who? 한국사

초등 역사 공부의 첫 단추! '인물'을 알아야 시대가 보인다

● 선사·삼국   ● 남북국   ● 고려   ● 조선

01 단군·주몽	13 견훤·궁예	25 조광조	37 김정호·지석영
02 혁거세·온조	14 왕건	26 이황·이이	38 전봉준
03 근초고왕	15 서희·강감찬	27 신사임당·허난설헌	39 김옥균
04 광개토 대왕	16 묘청·김부식	28 이순신	40 흥선 대원군·명성 황후
05 진흥왕	17 의천·지눌	29 광해군	41 허준
06 의자왕·계백	18 최충헌	30 김홍도·신윤복	42 선덕 여왕
07 연개소문	19 공민왕	31 정조	43 윤봉길
08 김유신	20 정몽주	32 김만덕·임상옥	44 안중근
09 대조영	21 이성계·이방원	33 정여립·홍경래	45 유관순
10 원효·의상	22 정도전	34 박지원	46 을지문덕
11 장보고	23 세종 대왕	35 정약용	47 홍범도
12 최치원	24 김종서·세조	36 최제우·최시형	

※ who? 한국사(전 47권) | 대상 초등학교 전 학년 | 책 크기 188×255 | 각 권 페이지 190쪽 내외

who? 인물 중국사

인물로 배우는 최고의 역사 이야기

01 문왕·무왕	09 제갈량·사마의	17 주원장·영락제	25 루쉰
02 강태공·관중	10 왕희지·도연명	18 정화	26 장제스·쑹칭링
03 공자·맹자	11 당 태종·측천무후	19 강희제·건륭제	27 마오쩌둥
04 노자·장자	12 현장 법사	20 임칙서·홍수전	28 저우언라이
05 한비자·진시황	13 이백·두보	21 증국번·호설암	29 덩샤오핑
06 유방·항우	14 왕안석·소동파	22 서태후·이홍장	30 시진핑
07 한 무제·사마천	15 주희·왕양명	23 캉유웨이·위안스카이	
08 조조·유비	16 칭기즈 칸	24 쑨원	

※ who? 인물 중국사(전 30권) | 대상 초등학교 전 학년 | 책 크기 188×255 | 각 권 페이지 190쪽 내외

who? 아티스트

최고의 명작을 탄생시킨 아티스트들을 만나다

● 문화·예술·언론·스포츠

01 조앤 롤링	11 김연아	21 강수진	31 우사인 볼트
02 빈센트 반 고흐	12 오드리 헵번	22 마크 트웨인	32 조성진
03 월트 디즈니	13 찰리 채플린	23 리오넬 메시	33 마리아 칼라스
04 레오나르도 다빈치	14 펠레	24 이사도라 덩컨	34 오귀스트 로댕
05 오프라 윈프리	15 레프 톨스토이	25 앤디 워홀	35 오리아나 팔라치
06 마이클 잭슨	16 버지니아 울프	26 백남준	36 프레데리크 쇼팽
07 코코 샤넬	17 마이클 조던	27 마일스 데이비스	37 시몬 드 보부아르
08 스티븐 스필버그	18 정명훈	28 안도 다다오	38 존 레넌
09 루트비히 판 베토벤	19 한스 크리스티안 안데르센	29 조지프 퓰리처	39 밥 말리
10 안토니 가우디	20 미야자키 하야오	30 프리다 칼로	40 파블로 피카소

※ who? 아티스트(전 40권) | 대상 초등학교 전 학년 | 책 크기 188×255 | 각 권 페이지 190쪽 내외